W0359202

Schwedisch kochen

Die Autorin

Anne Iburg ist Diplom-Oecotrophologin, lebt in Bonn und arbeitet als freie Food-Journalistin. Sie hat bereits eine Reihe von Ratgebern und kulinarischen Lexika veröffentlicht. Seit langem ist sie mit der schwedischen Küche vertraut.

Anne Iburg

Schwedisch kochen

Gerichte und ihre Geschichte

Verlag Die Werkstatt · Edition d i á

Bibliografische Information der Deutschen Bibliothek
Die Deutsche Bibliothek verzeichnet diese Publikation in der Deutschen Nationalbibliografie; detaillierte bibliografische Daten sind im Internet über http://dnb.ddb.de abrufbar.

© 2004 Verlag Die Werkstatt GmbH
Lotzestraße 24a, D-37083 Göttingen
www.werkstatt-verlag.de
Dieses Buch erscheint in der Reihe
»Gerichte und ihre Geschichte«
der Edition diá (www.editiondia.de).
Alle Rechte vorbehalten

Titelfoto und Fotos im Innenteil: Anne Iburg
Satz und Gestaltung: Verlag Die Werkstatt, Göttingen
Druck und Bindung: Westermann Druck, Zwickau

ISBN 3-89533-453-7

Inhalt

Schweden – Land der Kinderträume

Wer kennt sie nicht, die Geschichten von Astrid Lindgren? Ein Besuch in Schweden fühlt sich an wie das Eintauchen in die Welt von Pippi Langstrumpf, Michel und den Kindern von Bullerbü. Schweden erfüllt alle Klischees der heilen Kinderwelt. Es gibt sie nämlich wirklich, die rot angestrichenen Häuser in kleinen Dörfern, versteckt in Lichtungen tiefer, dunkler Wälder, an stillen, blauen Seen. So ist viel Schwedisches – die Küche eingeschlossen – eng mit Wünschen und Träumen aus unser aller Kindheit verbunden.

Die schwedische Esskultur ist einfach, bodenständig und bäuerlich; sie ist naturnah und vermittelt dem Genießer ein Gefühl der Geborgenheit. Schwedisches Essen lässt stille Sommer auf der einen und gemütlich winterliche Kachelofenatmosphäre auf der anderen Seite auferstehen. Schwedisch kochen und essen steht für das Wohlgefühl des Privaten und Gemütlichen; dafür, in familiärer Runde gemeinsam an einem großen Tisch zu sitzen und Vertrautes zu genießen. Die schwedische Küche hat wenig Extravagantes oder Spektakuläres, sie ist liebe- und reizvoll – wie die Abenteuer der Kinder von Bullerbü.

Smaklig måltid – guten Appetit!

Land und Leute

Viel Natur, wenig Mensch

Schweden ist das fünftgrößte Land Europas und etwa so groß wie Spanien oder Frankreich. Mit weniger als neun Millionen Einwohnern gehört es gleichzeitig zu den am dünnsten besiedelten Ländern des Kontinents. Fast 90 Prozent der Bevölkerung leben im südlichen Teil des Landes.

Norrland, im Norden Schwedens, zählt mit etwa 60 Prozent der schwedischen Landfläche weniger als eine Million Einwohner. Seine riesigen, offenen Weiten werden oft als letzte Wildnis Westeuropas bezeichnet. Norrland beherbergt den größten Teil der enormen Naturreichtümer Schwedens: Wald, Wasser und Erze.

Insgesamt ist mehr als die Hälfte des Landes bewaldet, überwiegend mit Nadelgehölz. Gebirge machen etwa 16 Prozent der Landesfläche aus; zehn Prozent entfallen auf Seen, Flüsse und Feuchtgebiete und nur acht Prozent werden landwirtschaftlich genutzt.

Dem warmen Golfstrom an der Westküste Norwegens ist es zu verdanken, dass große Teile Schwedens und der übrigen skandinavischen Halbinsel bewohn- und nutzbar sind. Gebiete auf den gleichen Breitengraden – zum Beispiel Kanada und Sibirien – bestehen hauptsächlich aus unbewohnter Tundra.

Allemansrätten

Das Verhältnis von viel Natur und wenig Mensch prägt noch heute die schwedische Seele. *Allemansrätten* ist ein uraltes Gewohnheitsrecht – das Recht auf Gemeingebrauch. Es ist in der Gesetzgebung verankert und garantiert jedem bei verantwortungs- und rücksichtsvollem Verhalten das Recht, sich überall in der Natur frei bewegen zu dürfen ohne den Grundbesitzer um Erlaubnis bitten zu müssen. Das Bewahren der Natur wurzelt tief im schwedischen Bewusstsein. Frische Luft, sauberes Wasser, gesunde Wälder und intakte, urwüchsige Natur sind ein Gut, das die Schweden zu pflegen wissen.

Der Schwede an und für sich

Freundlich, fleißig, ordentlich, rechtschaffen, gutgläubig, schüchtern und reserviert, knauserig und ein bisschen schwerfällig – so beschreibt sich der Schwede, durchaus ironisch, oft selbst und wird von ausländischen Beobachtern meist ähnlich gesehen. Noch vor 150 Jahren war Schweden ein armes Bauernland, und um im harten Klima zu überleben, brauchten die Bewohner Eigenschaften wie Fleiß, Geduld, Erfindungsreichtum und die Fähigkeit zur Zusammenarbeit. Diese Tugenden prägen noch heute die schwedische Gesellschaft. Gleichheit und Kollektivismus sind zwei Schlüsselbegriffe für die Beschreibung der Schweden. Die Überzeugung, dass kein Mensch mehr wert ist als ein anderer, durchdringt das schwedische Weltbild. Von einem Schweden wird erwartet, dass er sich pflichtbewusst um seine Angelegenheiten kümmert, hart arbeitet und Verantwortung für andere übernimmt. Elitäres Bewusstsein, Extravaganz und Lebensstile, die von der Norm abweichen, sind für viele tabu. Auf der anderen Seite liebt der Schwede seine Freizeit und Freiheit. Wenn er nicht arbeitet, widmet er sich unbekümmert den Annehmlichkeiten des eigenständigen, unabhängigen Lebens – bevorzugt in der freien Natur.

Schweden ist eine repräsentative Demokratie. Staatsoberhaupt ist nach wie vor der König. Es herrscht Erbmonarchie, die erst 1983 insoweit modifiziert wurde, als zukünftig auch Frauen den Thron besteigen können. So wird einmal Prinzessin Victoria ihren Vater Karl Gustav ablösen. Die Funktion des Königs bzw. der Königin ist auf zeremonielle und repräsentative Aufgaben beschränkt. Das gesetzgebende Organ, das schwedische Parlament (der Reichstag) mit 349 Abgeordneten, wird alle vier Jahre gewählt. Die Exekutive liegt bei der dem Parlament verantwortlichen Regierung.

Kulinarische Traditionen

Wikingische Wurzeln

Die bekanntesten Skandinavier, die in den Küstenregionen ganz Europas als räuberische Landnehmer und Kaufleute auftraten, sind mit Sicherheit die Wikinger. Dank ihrer Überlegenheit als Seefahrer und Schiffsbauer beherrschten sie die Handelswege in weiten Teilen des Kontinents bis hin nach Konstantinopel. Ihre wichtigsten Handelszentren waren Birka am Mälarsee und Haithabu an der Grenze zum Fränkischen Reich.

Die Blüte ihrer Hochkultur lag in der Zeit zwischen 850 und 1050 n. Chr. Heute unterscheidet man norwegische, dänische und schwedische Wikinger. Die schwedischen zogen vor allem nach Osten und Südosten und werden in der Geschichte auch als Rus oder Waränger bezeichnet. Im Ostseeraum und in Russland waren sie seit dem 9. Jahrhundert besonders aktiv und 882 wohl auch an der Gründung des Kiewer Reiches (Kiewer Rus), der Keimzelle Russlands, beteiligt. Den byzantinischen Kaisern dienten Waräger als Stützen der kaiserlichen Garde.

Da die Wikinger als überlegene Seefahrer die Weltmeere und damit den Handel beherrschten, waren sie nicht gezwungen von dem zu leben, was Skandinavien hervorbrachte. Als Seeräuber und Händler raubten oder tauschten sie ihre Ware gegen Lebensmittel wie Gewürze und Wein. Da sie viel herumkamen, lernten sie auch technische Errungenschaften und Herstellungsverfahren anderer Kulturen kennen, was naturgemäß ihren Alltag und ihre Esskultur beeinflusste.

Alltagsleben im Rhythmus der Natur

Trotzdem war die Nahrungsbeschaffung eine ihren Alltag bestimmende, zeitaufwändige Tätigkeit. Lange und harte Winter zwangen sie Vorräte anzulegen: Nicht nur Fleisch, auch Fisch und Gemüse wurden in Fässern oder Bottichen eingepökelt. Neben dem Pökeln mit Salzlake wählten sie zum Konservieren Molke, ein Produkt der Käsegewinnung. Fleisch und Fisch dagegen wurden gedörrt oder geräuchert.

Neben der Konservierung mit Salz, das durch Abkochen von Meerwasser gewonnen wurde, verwendeten die Wikinger Gewürze, die wie Pfeffer und andere exotische Kostbarkeiten zum Teil über Konstantinopel aus Asien importiert wurden. Sie nutzten aber auch heimische Kräuter wie Kresse, Bärlauch, Wacholderbeeren, Kümmel und Senfkörner.

Eine gute Haushaltsführung entschied im frühen Skandinavien über das Überleben der Familie. Der spät einsetzende Frühling und der kurze Sommer gestatteten nur einer beschränkten Auswahl an Nutzpflanzen ein ertragreiches Wachstum, etwa der Gerste und den Hülsenfrüchten. Jedoch reichte der Ertrag, der durch Ackerbau und Viehzucht erwirtschaftet wurde, in schlechten Sommern und bei steigender Bevölkerungszahl nicht aus.

Rinder- und Ziegenhaltung war dem schwedischen Wikinger ebenso vertraut wie die Weiterverarbeitung der Milch zu Butter und Käse. So konnten sie die überschüssige Milch der Sommermonate zu haltbarem Käse und lagerbarer Butter verarbeiten. Ochsen dienten ihnen als Last- und Arbeitstiere.

Das Schlachten von Rind und Ziege erfolgte im Herbst. Durch Salzen, Trocknen und Räuchern wurde das Fleisch haltbar gemacht.

Jagen und Fischen sicherte die Grundversorgung ebenso wie das Sammeln von Pilzen, Wildkräutern und Beeren. Als Gemüse pflanzten die Wikinger Kohl, Porree, Zwiebeln und Rüben an.

Hauptnahrungsmittel bildeten Breie auf der Basis von Gerste. Getreide mahlten die Wikinger in steinernen Handmühlen und buken anschließend daraus flache Brote. War kein Korn vorhanden, nahmen sie auch Erbsenmehl zum

Brotbacken. Aus gemälzter Gerste brauten sie eine Art Honigbier.

Gekocht wurde in einem großen Kessel über offenem Herdfeuer. Selten gab es Frischfleisch, das auf heißen Steinen geschmort oder am Spieß geröstet wurde.

Sitten und Bräuche

Gewöhnlich nahmen die Wikinger zwei Mahlzeiten am Tag zu sich: das Mittagessen nach der ersten Arbeit und das Nachtessen nach Sonnenuntergang. Zum Essen diente ein Bocktisch in der Mitte des Raumes, der von Holzbänken umgeben war, die nachts als Schlafplätze dienten.

Zum Essen hatte jeder ein rechteckiges Holzbrett oder eine Essschale aus Speckstein vor sich. Ein eigenes Messer und einen eigenen Löffel trug man immer am Gürtel bei sich.

Zum Trinken verwendeten die Wikinger Hörner und Becher. Die Hörner ließen sich nicht abstellen und wurden rund um den Tisch von Hand zu Hand weitergeben, bis sie leer waren. Erst danach konnten sie abgelegt werden. Ein Mann, der ein Trinkhorn in einem Zug leeren konnte, galt als stark und erntete Anerkennung von seinen Tischgenossen.

Esskultur in den einzelnen Landesteilen

Die südschwedische Küche

Südschweden, bestehend aus den drei Provinzen Skåne (Schonen), Blekinge und Småland, gilt als die Vorratskammer des Landes: eine Bauernlandschaft, geprägt durch Wiesen, Wälder und Weiden. Man ist versucht zu glauben, die hier lebenden Menschen hätten sich auch in der Vergangenheit stets von ihrem Land ausreichend ernähren und ein zufriedenes Leben führen können. Das aber ist ein Trugschluss.

Auswandern, um zu überleben

Viele Kleinbauernfamilien wanderten im 19. Jahrhundert nach Amerika aus, da ihre kleinen Höfe nicht genug für alle Familienmitglieder abwarfen. Für einen anderen Bauern zu arbeiten wurde als sozialer Abstieg gewertet, so dass viele letztlich der Auswanderung den Vorzug gaben. Es wird geschätzt, dass in der Zeit von 1865 bis 1914 gut eine Million Menschen aus Schweden ausgewandert sind.

In Südschweden wurde in erster Linie Ackerbau betrieben. Jeder Hof war autark. Geld brauchten die Bauern in der Regel nicht, denn alle Lebensmittel für den täglichen Bedarf bauten sie selbst an. So besaß jeder Hof einen großen Gemüsegarten, in dem vor allem Hülsenfrüchte und Kohl wuchsen. Auch die Kartoffelernte war, wenn sie stattfand, so reichhaltig, dass man sich damit das Jahr über versorgen konnte. Das Getreide wurde zur Herstellung von Bier und Brot verwendet. Für die Versorgung mit Milch und Milchprodukten wurden Kühe gehalten. Fleisch dagegen war Mangelware, so dass Hasen und Kaninchen als Jagdbeute eine große Rolle spielten. Ein anderer wichtiger Eiweißlieferant war Fisch, denn die lange Küste und die vielen Seen sorgten für eine große Auswahl an Hering, Dorsch und Lachs.

Kochen in Mittelschweden

Mittelschweden ist sehr viel waldreicher als der Süden des Landes, dennoch ähnelte die Grundversorgung auch hier der im übrigen Land. Hauptnahrungsmittel bildeten Eintöpfe und Breie auf der Basis von Getreide. Je dicker er gekocht war, desto besser, denn nur dann konnte die Familie, die meist aus einer Schüssel aß, satt werden. Die Zugabe von Milch statt Wasser war den Sonn- und Feiertagen vorbehalten. Abwechslung entstand dadurch, dass man den Brei mit Brühe, Molke oder Beerensäften aufwertete.

Faluner Wurst – nach deutschem Vorbild

Falun, eine Region in Mittelschweden, ist berühmt für ihre Würste. Die Faluner Wurst *Falukorv* (Rezept mit Faluner Wurst siehe Seite 96) gilt als Werk deutscher Einwanderer, die in den dortigen Kupferminen Erz förderten. Für die Arbeit in den Bergwerken brauchte man Ochsen. Hatten diese ausgedient, wurden sie geschlachtet und ihr Fleisch nach deutschem Rezept und Vorbild der Thüringer Bratwurst zu Faluner Wurst verarbeitet.

Als Wild kommt in Mittelschweden bevorzugt Elchfleisch auf den Tisch. Früher war die Elchjagd nicht jedermann erlaubt, so dass das Fleisch der Tiere nur Privilegierten vorbehalten blieb. Heute dagegen ist der Elch in großer Anzahl weit verbreitet.

Die nordschwedische Küche der Samen

Die Samen sind uns besser unter dem Namen Lappen bekannt. Diese Bezeichnung aber wird von den Ureinwohnern Nordskandinaviens nicht gern gehört, da sie als Schimpfwort gilt. Sie selber nennen sich Samen und ihre Heimat Sameland oder Sapmi.

Etwa 17.000 der insgesamt 70.000 Samen leben in Schweden. Je nach Lebensweise werden sie in Meeres-, Wald-, Berg- und Flusssamen unterschieden. Sie sind Nomaden und ziehen mit ihren Rentieren im Sommer durch die Tundra. Hauptsächlich leben sie in Zelten, nur den

Winter verbringen sie in festen Häusern. Außer von der Milch der Rentiere und deren Fleisch ernähren sie sich von dem, was die Natur ihnen Essbares bietet. Folglich spielen Fisch und Wild, Beeren und Pilze eine große Rolle in ihrer Ernährung.

Die Samen ernährten sich von Pflanzen, die auch in der abgelegensten Tundra vorkommen. Die notwendigen Nährstoffe bezogen sie aus verschiedenen Beeren, aus Gefäß- und Knöterichpflanzen. Ihre Speisen waren geprägt von der Einsicht in die Notwendigkeit: Sie mussten verwenden, was die Natur bot. Der Mangel an Salz schuf so beispielsweise den *Surströmming.*

Im samischen Glauben wurden Tiere (besonders Bären) und Pflanzen, Wasser und Felsen, Wind und Donner von Göttern und Dämonen beherrscht. Allein der Noaide, ein Schamane, konnte Kontakt mit ihnen aufnehmen. Er benutzte dazu seine Zaubertrommel, ein ovales, flaches Instrument mit einem Fell aus Renhaut, das symbolhafte Zeichnungen zierten. In Trance konnte er sich ins Land der Götter oder ins Reich der Toten versetzen, um von dort Kunde zu holen.

Mit der Zwangschristianisierung war bereits ein wichtiger Teil der samischen Identität zerstört, mit der Unterdrückung der Sprache ging ein weiterer verloren. Gegen Ende des 19. Jahrhunderts durften Kinder in norwegischen Schulen nicht mehr ihre samische Muttersprache benutzen. Grundbesitz konnte nur erwerben, wer die norwegische Sprache in Wort und Schrift beherrschte.

Festessen

Ostern

Das Osterfest feiern die Schweden mit dem Osterbüfett *Paskbord,* auf dem sich vor allem Eier-, Lachs- und Heringsgerichte finden. Das Ei, als ein heidnisches Symbol der Fruchtbarkeit, ist auch in Schweden in den österlichen Brauch integriert worden. Wenn die Tage im Frühling allmählich länger werden, beginnen die Hühner wieder verstärkt Eier zu legen. Da zu den Zeiten, als Schweden noch katholisch war, der Genuss von Eiern in der vorösterlichen Fastenzeit verboten war, hatten sich besonders viele angesammelt und konnten nun in den unterschiedlichsten Varianten aufgetischt werden. Wie auch in anderen europäischen Ländern ist es Tradition, die gekochten Eier zu färben bzw. bunt anzumalen. Das Sonnenauge *Solöga,* ein rohes Eigelb garniert mit Anchovis, Roten Beten, Zwiebeln und Kapern (Seite 37), ist ein Muss auf einem schwedischen Osterbüfett. Wer kein rohes Eigelb essen mag, kann sein Büfett durch halbierte Eier mit unterschiedlichen Füllungen oder durch Eiersalat schmücken. Heringssalat und gebeizter Lachs sind wesentliche Bestandteile eines schwedischen Osterbüfetts.

Lachs am Karfreitag

Am Karfreitag ist es in vielen Familien Tradition, Lachs zu essen. Der Fisch zieht zu dieser Jahreszeit zum Laichen die Flüsse hinauf und lässt sich daher gut abfischen. Doch existiert nicht *ein* klassisches Lachsgericht zu Karfreitag; jede Familie hat ihr eigenes. Die einen bevorzugen ihn gebeizt, die anderen geräuchert, der Nächste pochiert den Fisch und wieder andere braten ihn.

Als traditioneller Osterbraten kommt in Schweden wie in Deutschland Lammfleisch auf den Tisch. Jedoch haben die Schafe in den nördlichen Breiten zur Osterzeit meist noch nicht gelammt, so dass das Tier, das für den Lammbraten geschlachtet wird, bis zu einem Jahr alt sein kann.

Pfingsten

Zur Pfingstzeit erreicht der schwedische Frühling seinen Höhepunkt. Die Sonne setzt nicht nur Glückshormone frei, sondern lässt vor allem die Natur ergrünen. Eine schwedische Frühjahrsspezialität ist die Brennnesselsuppe *Nässelsoppa* (Seite 54). Sie wird aus frisch gepflückten Blättern zubereitet und ist besonders reich an Folsäure. Pfingsten ist auch der richtige Zeitpunkt, um junges, zartes Lammfleisch zu genießen. Der Nachtisch wird ebenfalls durch das saisonale Angebot bestimmt: Rhabarber bildet die saure Vorhut für den beerigen Sommer. Mit viel Zucker als Kompott oder als Kuchen steht er am Abschluss eines Pfingstmenüs.

Mittsommer

Das Mittsommerfest ist neben Weihnachten der bedeutendste Festtag in Schweden. Seine vermutlich aus heidnischer Zeit stammenden Sitten und Bräuche existieren parallel zu dem kirchlichen Fest, das seit dem 5. Jahrhundert im Gedenken an die Geburt Johannes des Täufers gefeiert wird. Die Schweden begehen mit dem Fest den längsten Tag des Jahres bzw. dessen kürzeste Nacht. Seit 1935 ist der Vorabend vor Mittsommer ein gesetzlicher Feiertag, wobei man ihn 1953 auf den Samstag verschoben hat, der dem 24. Juni am nächsten liegt. Mittsommer wird im ganzen skandinavischen wie auch im baltischen Raum gefeiert und ist das Fest, mit dem sich alle »Nordlichter« am stärksten identifizieren – nämlich dann, wenn die Sonne am höchsten steht und die Nacht zum Tag wird.

Maibaum im Juni

Neben kulinarischen Spezialitäten hat es Tradition, einen Maibaum zu setzen und mit bunten Bändern zu schmücken. Unter ihm werden dann bei Akkordeon-, Geigen- und Gitarrenmusik traditionelle Reigentänze aufgeführt. Den Maibaum haben die Schweden von deutschen Kaufleuten zu Hochzeiten der Hanse übernommen. Aufgrund der klimatischen Bedingungen in Schweden haben zum 1. Mai die Bäume noch nicht ausgeschlagen, deswegen ist der Begriff »Maibaum« noch im Juni aktuell. Ursprünglich trugen Jungfrauen einen Blumenkranz auf dem Kopf und legten in der Nacht vor dem Fest sieben verschiedene Wildkräuter unter ihr Kopfkissen. Im Traum sollte ihnen dann ihr zukünftiger Ehemann erscheinen.

Das »Menü« der Mittsommernacht besteht aus Hering in Form von Matjes, dazu werden Pellkartoffeln aus neuer Ernte und Quark oder saure Sahne gereicht, die meist mit Schnittlauch und Dill abgeschmeckt sind. Kühles Bier und eiskalter Aquavit bringen die erwünschte Abkühlung und löschen den Durst der ausgelassen feiernden Menschen.

Krebsessen

Mit dem *Kräftor* oder *Kräftskiva* genannten Fest starten die Schweden am zweiten Sonntag im August die Krebsfangsaison. Früher waren die Seen und Flüsse des Landes reich an Krebsen. Heute ist ihr Fleisch auch in Schweden eine Delikatesse und damit eine nicht ganz billige Angelegenheit. Beim traditionellen Krebsessen geht es karnevalistisch zu, denn mit Luftschlangen und bunten Lampions wird dem edlen Gericht die Strenge genommen. Zu diesem Menü gehört auf jeden Fall ein Schnaps, der mit Anis, Fenchel und Kümmel aromatisiert ist. Der Spruch zum Essen lautet: »Ein Krebs, ein Schnaps, ein Lied!«

Surströmmingessen

Surströmming ist eine Spezialität, die hauptsächlich in Norrland gegessen wurde, heute aber in ganz Schweden erhältlich ist. Übersetzen lässt sich der Begriff mit »Sauerhering«, da er mittels Milchsäuregärung haltbar gemacht wird. Die Grundlage bildet ein ursprünglich nördlich von Kalmar in der Ostsee gefischter Hering. Die ausgenommenen Tiere wurden in Erdgruben vergraben – eine alte Konservierungsmethode, die von allen Völkern rund um den Nordpol angewandt wurde –, bis der vergorene Fisch dann Ende August probiert werden konnte. Das Verfahren ist mittlerweile etwas abgewandelt worden. Die leicht gesalzenen Heringe liegen etwa acht Tage in einer offenen Tonne, bevor diese geschlossen wird. Traditionsgemäß reifen die Heringe bis zum 24. August.

Am *Surströmming* scheiden sich die Geister: Das Öffnen der Tonnen – oder mittlerweile Konservendosen – hat schon manchen mit empfindlicher Nase umgeworfen. Denn den gegorenen Heringen entströmt ein äußerst unangenehmer Geruch – dagegen ist der eines ausgereiften Munster-Käses geradezu harmlos!

Den *Surströmming* legt man mit fein gehackten Zwiebeln und dünnen Kartoffelscheiben zwischen weiches Fladen- oder zwei Scheiben Knäckebrot; dazu gehört ein kühles Bier.

Martinsgans-Essen

Am 11. November wird traditionell die Martinsgans verzehrt. In diesem Monat sind die Gänse am fettesten, so dass sich das Schlachten der Tiere erst dann lohnt. Zubereitet wird die Gans mit Portwein, und neben Rotkraut und Knödeln wird sie mit Backpflaumenkompott oder Rosenkohl serviert. Wer es bodenständig und deftig mag, isst zuvor Schwarzsauer (Seite 60). Als Nachtisch eignen sich Bratäpfel oder Apfelauflauf mit Vanillesauce.

Weihnachten

Das schwedische Weihnachtsfest beginnt eigentlich bereits am 13. Dezember mit dem Luciafest. Die Legende erzählt von der heiligen Lucia, die mit einer Lichterkrone die dunkle Dezembernacht erhellte. Sie brachte ihren Glaubensgenossen, die in Katakomben Schutz vor Verfolgern suchten, in der Nacht Speisen. Um beide Hände zum Tragen ihrer Last frei zu haben, setzte sich Lucia einen Lichterkranz auf ihr Haupt. So sieht man an diesem Tag in Stockholm und anderen schwedischen Städten und Dörfern Mädchen in weißem Gewand mit einem Licht auf dem Kopf durch die Gassen ziehen. Sie eröffnen mit diesem symbolischen Akt das Weihnachtsfest. Am 23. Dezember wird meist gemeinsam das Fest vorbereitet: gekocht, der Tannenbaum geschmückt und Reime werden gedichtet, die sich auf die Geschenke und den Schenker beziehen. Weihnachten selbst wird wie in Deutschland mit dem Entzünden der Kerzen am Tannenbaum begonnen.

Belohnung durch den Weihnachtstroll

Der traditionelle Weihnachtstroll wird leider immer stärker durch den Weihnachtsmann abgelöst. Ursprünglich lebte der Troll auf einem Bauernhof. Zu Weihnachten belohnte er alle Kinder, die während des Sommers den Bauern bei der Arbeit geholfen hatten. Damit der Troll auch sicher am ersten Weihnachtstag die Geschenke brachte, war es wichtig, ihm den klassischen Weihnachtsnachtisch vor die Tür zu stellen: eine Portion Milchreis. So wurde er daran erinnert, dass er dieses Haus zu besuchen hatte. Der Weihnachtsmann *Jultomten* bringt heute am 24. Dezember die Geschenke.

Das Weihnachtsmenü in Schweden fällt recht deftig aus. Leberwurst und -pastete sowie Kalbssülze gehören ebenso dazu wie erhitzter gepökelter Schinken, der das Hauptgericht bildet. Dazu werden Rot- oder Grünkohl sowie Rote-Bete-Salat und Schinkenbrühe gereicht. Die Brühe wurde Heiligabend als Suppe serviert, in die Brotscheiben getaucht wurden; das Gericht heißt daher *Dopp i grytan* (in den Kochtopf tunken, Seite 61). Heute hat der Schinken Konkurrenz bekommen: Zu Weihnachten wird ebenso häufig Gans oder Pute gespeist.

Das Weihnachtsfest endete früher am 13. Januar, dem Knutstag, an dem die Schweden den Weihnachtsbaum plünderten und aus der guten Stube verbannten. Heute wartet kaum eine schwedische Familie noch so lange.

Smörgåsbord

Smörgåsbord heißt so viel wie Butterbrotbüfett. Die Übersetzung besagt jedoch wenig, denn außer den verführerisch belegten schwedischen Butterbroten werden weitere kulinarische Köstlichkeiten geboten. Neben angemachten Eiern findet man in der Regel Hering als Salat oder in Marinade angemacht und geräucherten oder gebeizten Lachs. Auch die kleinen Fleischbällchen, die mittlerweile jeder Schwedenfan unter ihrem Namen *Köttbullar* (Seite 96) kennt, zählen zu den Klassikern, die auf keinem schwedischen Büfett fehlen sollten. Das *Smörgåsbord* ist vor allem von der schwedischen Gastronomie für Touristen wieder entdeckt worden. Seinen Ursprung hat es im *Brännvinsbord,* dem Branntweinbüfett. Es war Sitte, seinen Besuch mit einem Aquavit und ein paar Scheiben üppig belegten Brotes zu begrüßen.

Kaffeetafel

Etwa 8,2 kg Kaffeebohnen konsumiert jeder Schwede im Durchschnitt pro Jahr, das entspricht über 1.100 Tassen. Mit einer Tasse Kaffee beginnen sie ihren Tag und trinken auch abends noch eine. Jedoch sind sich alle einig: Am besten schmeckt Kaffee am Nachmittag.

Die Kaffeetafel ist eine Institution aus vergangenen Zeiten. Am Sonntag besuchte sich die Verwandtschaft und alle saßen um eine große Tafel und genossen die üppigsten Torten und leckersten Kuchen. Auch luden sich die Bauersfrauen der Nachbarschaft reihum zum Kaffee ein. Mit den selbst gebackenen Torten und Kuchen zeigten die Frauen ihre Fertigkeit in der Küche und natürlich ihren Reichtum. Nebenbei wurden selbstverständlich die Dorfneuigkeiten ausgetauscht.

Auch heute besucht man sich in Schweden noch gerne zum Kaffee. Es werden Kleingebäck und Plätzchen serviert. Aber auch diese sind nicht zu verachten und führen dazu, dass der Nachmittagskaffee immer noch zu den besten unter den vielen Tassen am Tag gehört.

Spezialitäten aus Schweden

Petri Heil in Schwedens Seen

Schwedens 96.000 Seen und 9.000 Kilometer Küstenlinie lassen das Herz jedes Anglers höher schlagen. Lachs, Forelle, Aal, Saibling, Brachse, Karpfen und Hecht sind die Süßwasserfische, die sich aus Seen und Flüssen ziehen lassen. Aber besonders der Lachs steht sinnbildlich für Schwedens Fischreichtum.

Der Weg des Wildlachses

Der Wildlachs ist ein Wanderfisch. Als Junglachs wandert er ins Meer, wo er bis zu vier Jahre lebt. Dabei kann aus dem 15 Zentimeter langen Fischchen ein bis zu einem Meter langer Fisch werden, der im Durchschnitt vier bis fünf Kilogramm wiegt. Der ausgewachsene Lachs wandert schließlich zurück in seinen Heimatsee. Dort geben die Weibchen bis zu 30.000 Eier ab, die anschließend von den Männchen besamt werden. Die meisten Lachse sind vom Aufstieg durch die Flüsse zur Laichgrube so erschöpft, dass sie nach dem Laichen verenden. Der geangelte Wildlachs steht meist kurz vor dem Laichen.

Lachsfarmen

Da sich der Lachs vom elitären Lebensmittel zum Allerweltsprodukt entwickelt hat und die Nachfrage in den letzten Jahren stark gestiegen ist, stammt der Fisch heute vor allem aus so genannten Fischfarmen, in denen junge Tiere in schwimmenden Netzgehegen gehalten werden. Sie werden mit Fertigfutter aus Fischmehl und Pflanzenresten gemästet. Aufgrund der hohen Dichte ist hier die Gefahr der Erkrankung höher als in freier Wildbahn. Die Fische erhalten daher oft zusammen mit dem Futter Antibiotika. Die hohe Haltungsdichte, das von den Fischen selbst verunreinigte Wasser und die prophylaktische Gabe von Medikamenten hat den Farmlachs in den letzten Jahren etwas in Verruf gebracht.

Ostseehering, Scholle & Co.

Kein Land kennt so viele Heringsgerichte wie Schweden und in keiner Sprache der Welt hat der Fisch zwei Namen. Die Schweden unterscheiden zwischen Hering und Ostseehering. Der gewöhnliche wird *Sill* genannt, der aus der nördlichen Ostsee *Strömming*. Es lässt sich eine »Strömming-Sill-Grenze« ziehen, die von der schwedischen Hafenstadt Kalmar über Öland bis nach Libau in Estland verläuft. Alle Heringe nördlich dieser imaginären Linie sind *Strömminge*. Sie sind etwas kleiner und nicht so fetthaltig wie der gewöhnliche Hering. Aus beiden aber lassen sich die gleichen Gerichte zubereiten.

Heringe werden in Schweden kalt und warm verzehrt. Bevorzugt wird der gesalzene Hering, der als Basis vieler Gerichte dient: Entweder liegt er in einer Marinade oder schwimmt in Saucen. Auch als Brathering, Rollmops und in unterschiedlichsten Salaten ist er beliebt.

Neben Heringen schwammen in den Meeren rund um Schweden einst reichlich Scholle, Steinbutt und Dorsch. Heute allerdings sind diese Fische in der stark überfischten und verschmutzten Ostsee so rar geworden wie der Hering selbst.

Elch – vom Mythos zum Fleischlieferanten

In Selma Lagerlöfs Geschichte von der »Wunderbaren Reise des Nils Holgersson mit den Wildgänsen« wird noch vom Elch und seinem Exil in den nördlichen Gefilden erzählt. Bis Mitte des vorigen Jahrhunderts hatte das Tier in Schweden ein durchweg positives Image. Es war der König der Wälder, der plötzlich im Zwielicht der Dämmerung vor dem Wanderer stand und ebenso unverhofft wieder verschwand.

Heute sind Elche in Schweden zu einer »Landplage« geworden. Jährlich finden auf Schwedens Straßen mehr als 5.000 Zusammenstöße statt, an denen die Tiere beteiligt sind. Die Elchpopulation hat stark zugenommen und die gefräßigen Tiere verursachen in neu angelegten Schonungen Forstschäden in kaum noch überschaubarem Maße.

Elch als Alternative zu Rind und Schwein

Die Schweden hoffen, dass Elchfleisch in Zeiten von BSE und anderen Lebensmittelskandalen zum Exportschlager wird. Elche sind Vegetarier, die sich in der freien Natur von Rinden, Gräsern, Knospen, jungen Trieben, Blättern und Beeren ernähren. In Schweden leben 350.000 Elche. Eine Elchkuh kalbt ein- bis zweimal im Jahr. Um die Verbreitung und Vermehrung der Tiere in den Griff zu bekommen, legt die schwedische Regierung jedes Jahr Abschussraten fest, die von den Jägern erfüllt werden müssen. Das kann für eine 1.000 Hektar große Region bedeuten, dass drei ausgewachsene Elchkühe, drei ausgewachsene Bullen und so viele Kälber wie möglich geschossen werden. Jährlich werden in Schweden mehr als 100.000 Elche erlegt. Da ein ausgewachsenes Tier ein Lebendgewicht von rund 500 Kilogramm aufweist, kommt pro Jahr eine Menge Elchfleisch zusammen. Es wird nicht nur frisch oder tiefgefroren angeboten, sondern über die Grenzen Schwedens hinaus als Dosengulasch, Salami oder Schinken verkauft.

Natürlich kennt Schweden neben dem Elch noch anderes Wild: Bär und Wildschwein, Hase und Kaninchen, Birk- und Auerhahn. Diese spielen jedoch wirtschaftlich so gut wie keine Rolle.

Pilze im August

In den Wäldern Schwedens findet man auch heute noch eine große Vielfalt an Pilzarten. Der Pfifferling ist am häufigsten anzutreffen, aber das geübte Auge entdeckt auch Steinpilze, Morcheln und Maronenröhrlinge. Pilze sammeln ist nicht nur eine beliebte Freizeitaktivität der Touristen, sondern auch schwedischer Volkssport. Am Wochenende geht es mit Familie oder Freunden zum Sammeln in den Wald.

Pilze sammeln als Volkssport

Beim Sammeln werden Pilze mit dem Messer abgeschnitten. So wird der Bestand gesichert, denn der zurückgelassene Stielrest und die Wurzel sind Garant für das Wachstum in der kommenden Saison. Pilze dürfen nicht gewaschen werden, denn sie saugen sich wie ein Schwamm mit Wasser voll und verlieren dadurch an Aroma und Biss. Am einfachsten lassen sie sich mit einem sauberen Backpinsel reinigen. Sie müssen auch nicht unbedingt geschält werden, es sei denn, die Haut sieht ledrig aus und ist verfärbt. Die einfachste Art der Zubereitung ist das Braten in etwas Butter, anschließend werden die Pilze gepfeffert und gesalzen.

Andere schnelle und einfache Pfannengerichte sind Rührei und Pfannkuchen mit Pilzen. Auch das berühmte Resteessen *Pytt i panna* (Seite 101) lässt sich durch die Zugabe von Pilzen aufwerten. Vielen Fleischsaucen, insbesondere zu Wildgerichten, fügt man gerne Pilze als Geschmacksträger hinzu.

Auch wenn man sich an ihnen nicht satt essen kann, ist es nicht empfehlenswert, in der Woche mehr als 200 Gramm Wildpilze zu verzehren. Denn Pilze sammeln Schadstoffe und Schwermetalle aus der Luft und sind daher im Vergleich zu anderen Lebensmitteln stark mit diesen Stoffen angereichert. Auch das Eiweiß der Wildpilze ist schwer verdaulich und kann zu Magenschmerzen führen. Auf den Verzehr roher Waldpilze sollte man verzichten, denn die meisten enthalten giftige Substanzen, die erst durch Erhitzen zerstört werden.

Pilzgerichte sollte man weder lange warm halten noch aufbewahren, denn zubereitete Pilze verderben schnell. Im Zweifelsfall sollte man lieber auf den Genuss verzichten, denn eine Pilzvergiftung kann unangenehme Folgen haben – auch wenn selten mit dem Schlimmsten zu rechnen ist. Pilzsammler, die keine Profis sind, sollten daher nur diejenigen Pilze mitnehmen, die sie mit hundertprozentiger Sicherheit bestimmen können.

Überzählige Pilze lassen sich am besten offen in einem kühlen Raum oder im Kühlschrank aufbewahren. Früher wurden sie auch eingekocht oder in Essigmarinade eingelegt. Das Trocknen von Pilzen ist immer noch eine beliebte Konservierungsmethode.

Beeren in allen Varianten

Verheißungsvoll und süß geht es in Schwedens dunklen Wäldern im Sommer zu. *Smultronställen* nennen die Schweden den Ort, an den sie in jedem Sommer zurückkehren, um die süßen Früchte des Waldes zu sammeln. Jede Familie hütet die Stellen, an denen »ihre« Beeren wachsen, als Familiengeheimnisse und gibt sie an die nächste Generation weiter. Welche der vielen Waldbeeren die beste ist, darüber streitet man sich. Für manchen ist es die »Königin der Beerenfrüchte«, die Erdbeere. Die kleine Walderdbeere ist wesentlich aromatischer als die große rote Beere aus dem Garten.

Hjortron als besondere Delikatesse

Die Moltebeere *Hjortron,* auch Mult- oder Polarbeere genannt, stellt eine Delikatesse der besonderen Art dar, was ihr den liebevollen Namen »Gold des Moores« eingebracht hat. Sie wächst nur in den lappländischen Breitengraden. In sonnigen Jahren sammeln die Schweden in den Mooren und Wäldern in mühsamer Arbeit etwa 1.000 Tonnen, die sie sich teuer bezahlen lassen. So liegt der Kilopreis auf den Märkten in Stockholm bei 10 bis 15 Euro. Moltebeeren werden roh gegessen, in Desserts verwendet oder zu Marmelade verarbeitet. Die gelbe Beere wird von den Schweden geliebt, auch wenn mit ihr sparsamer umgegangen wird als mit der Preiselbeere.

Preiselbeeren *(Lingon)* lassen sich in Schwedens Wäldern am einfachsten finden. In guten Jahren ist der Boden des Waldes fast rot von ihnen, so üppig wachsen sie. Schon zu Urzeiten war die rote Beere eine willkommene Vitaminspritze. In Schweden existiert so gut wie kein Gericht, bei dem nicht ein Klecks Preiselbeerkompott am Tellerrand zu entdecken ist. *Köttbullar,* die pikanten kleinen Fleischklopse, sind ohne den süßsäuerlichen Geschmack von Preiselbeeren für den Schweden unvorstellbar. Sie gehören für ihn zusammen wie Weißwurst und süßer Senf für den Bayern.

Hagebutten, besonders in den Küstenregionen Schwedens weit verbreitet, werden zu Marmelade verkocht oder zur typischen Hagebuttenkaltschale (Seite 150) verarbeitet. Mittlerweile kann man Hagebuttenpüree, das für die in Schweden beliebte kalte Suppe nur mit etwas Wasser gestreckt werden muss, auch abgepackt kaufen.

Aus dem Gemüsegarten

Aufgrund der kurzen Vegetationsperiode bietet der schwedische Gemüsegarten keine große Auswahl. Kohl, der viel Wasser benötigt und nicht so kälteempfindlich ist, gehört zu den herausragenden heimischen Gemüsesorten. Rot- oder Weißkohl, Wirsing sowie Grünkohl waren wichtige Nahrungsmittel, insbesondere an kalten Wintertagen. Auch Hülsenfrüchte waren beliebte Grundnahrungsmittel und sind noch heute fester Bestandteil der schwedischen Hausmannskost, insbesondere die gelbe Erbse. Spinat und Brennnesseln waren typisches Vorsommer- und Sommergemüse. Neben Kartoffeln spielt auch die Rübe eine große Rolle. Ob Möhren und Rote Bete als bekannte Vertreter oder Steckrüben und Pastinaken als vergessene Gemüsesorten, sie alle ließen sich gut in Erdmieten den Winter über lagern und waren daher wichtiger Bestandteil von Suppen, Eintöpfen oder deftigen Fisch- und Fleischsalaten.

Dill – das Nationalkraut

In keinem schwedischen Garten darf das große Beet mit Dill fehlen, dem Nationalkraut der Schweden. Ob Fisch-, Fleisch-, Eier- oder Gemüsegerichte – gedillt schmecken sie immer besser als ohne.

Was der Dill für die herzhaften Gerichte, ist die Süßdolde für Süßspeisen. Mit ihr süßen die Schweden gerne fruchtige Desserts aus Rhabarber, Beeren oder säuerlichen Äpfeln.

Knäckebrot

Knäcka heißt übersetzt »knacken«. Knicken lassen sich die harten Scheiben des Knäckebrots allerdings nicht. Bei dem Versuch zerspringen sie und man könnte sagen: Es kracht und krümelt. Seit über 500 Jahren kennt man Knäckebrot in Schweden. Glaubt man den Legenden, so ist es eine Erfindung der Not: Die Mühlenbäche führten mitunter so wenig Wasser, dass die Räder nicht angetrieben werden konnten, daher wurde auf Vorrat gemahlen und gebacken. Aus Roggenschrot, Wasser, Hefe und Salz wurde ein Teig hergestellt und zu dünnen Fladen ausgerollt, die in der Mitte mit einem Loch versehen wurden. Gebacken wurde in sieben Minuten bei Temperaturen um die 250° C. Um das Brot auf dem Dachboden aufzubewahren, wurde eine Stange durch die Löcher geführt. Je länger das Brot dort lagerte, desto intensiver war sein Geschmack. Knäckebrot ist ein Wunder an Haltbarkeit und hat schon 15 Jahre in genießbarem Zustand überlebt. In Schweden existiert das Sprichwort: »Das zur Taufe Gebackene hält bis zur Hochzeit des Kindes.«

Von der Taufe bis zur Hochzeit

Zwischen den Provinzen Halland und Småland verläuft die Brotgrenze. Nördlich von ihr wird hartes Brot gebacken, südlich von ihr weiches.

Tunnbröd, das dünne Fladenbrot, drückte man traditionell auf einem Stein platt und erhitzte diesen, bis der Pfannkuchen getrocknet war. Heute benutzt man beschichtete Pfannen. Manche Historiker vermuten, dass *Tunnbröd* aus einem angetrockneten Klecks Brei entstanden ist. Diese Form des Brotes, zu deren Herstellung man keinen Backofen benötigt, findet man überall auf der Welt.

Traditionell bevorzugen die Schweden eher Brote mit hohem Roggenanteil. Kreuzkümmel ist das dazugehörige Gewürz. Auch süße Brotsorten werden gerne gebacken.

Käse

Nirgendwo geht es den Kühen so gut wie in Schweden, deshalb ist die Milch hier besonders gut. Aus ihr wurde in erster Linie Butter gestampft. Aus der anfallenden Molke wird heute Käse hergestellt: Durch langsames Einkochen verdunstet drei Viertel des Wassers, der Milchzucker karamellisiert und das Milcheiweiß gerinnt. Dem Käsebruch kann Milch oder Sahne hinzugefügt werden, mit denen der Fettgehalt und die Geschmeidigkeit des Teigs eingestellt werden. Die braune Karamellpaste wird gesalzen und in Blöcke gepresst. Der Käse muss nicht reifen, sondern gelangt abgepackt gleich in den Verkauf. Er ist goldgelb bis braun und hat einen leicht süßlichen Geschmack.

Schnittkäse

Neben dem beliebten Molkenkäse hat Schweden auch Schnittkäse zu bieten. *Herrgårdost* hat die Größe und Form eines Wagenrades und wiegt zwischen 12 und 20 Kilogramm. Er hat eine feste Konsistenz, ist von blassgelber Farbe und besitzt erbsengroße Löcher. Seine Naturrinde ist gelb und dünn. Der *Herrgårdost* wird aus pasteurisierter Kuhmilch gewonnen. Die Milch wird mit Lab dickgelegt, der Bruch geschnitten, unter Rühren erwärmt und in seine Form gepresst. Der Käse reift mindestens drei Monate. Verlängert man seine Reifezeit, wird die Konsistenz des Teigs fester und der Käse würziger.

Greve unterscheidet sich vom *Herrgårdost* nur wenig. Auch er hat die Form eines Wagenrades, ist aber etwas kleiner und besitzt ein milderes Aroma. Erst nach zehn Monaten ist er ausgereift.

Der *Svecia* ist die schwedische Kopie des holländischen Goudas und Edamers, die durch den ausgedehnten Handel im Ostseeraum recht verbreitet waren. Der *Svecia* hat die Form eines Rades mit einem Durchmesser von 30 und einer Höhe von 13 Zentimetern bei einem Gewicht von etwa 20 Kilogramm. Der Teig ist schnittfest und mit wenigen kleinen Löchern durchzogen; die Rinde ist gewachst.

Der *Svecia* wird aus pasteurisierter Kuhmilch hergestellt. Diese wird unter Zugabe von Lab geronnen, zerkleinert, in Formen gefüllt und gepresst. Nach dem Salzen reift der Käse mindestens drei Monate und kann dann als milde Variante auf den Markt gebracht werden. Die stark ausgereifte Variante reift bis zu einem Jahr und ist im Aroma würziger. *Svecia* findet man auch mit Zusätzen von Gewürznelke und Kümmel. Zu erkennen sind die gewürzten Käse an der roten Wachsschicht.

Dickmilch

Sie hat viele Namen und auch ihr Geschmack variiert: *Filmjölk, Tätmjölk* oder *Långmjölk*. In Deutschland ist sie unter dem Namen Schwedenmilch im Handel erhältlich und schmeckt leicht säuerlich und cremig. Dickmilch wurde früher nur im Sommer aus frischer Kuhmilch hergestellt. Sie spielt in Schweden eine ähnliche Rolle wie Joghurt in der Türkei und ist aus dem Alltag nicht mehr wegzudenken. Die Dickmilch passt ausgezeichnet zu frischen Erd- oder Heidelbeeren. Pur genossen oder mit etwas Zimt und Zucker bestreut, ist sie der ideale Snack für zwischendurch.

Das kühle Blonde

Trotz der hohen Alkoholsteuer und der staatlich kontrollierten Abgabe von Alkohol hat Schweden eine ausgeprägte Bierkultur. Die Schweden kennen das Getränk seit dem Mittelalter, als es vor allem aus Großbritannien und Deutschland importiert wurde. Im 18. Jahrhundert wurde in Göteborg die erste Porter-Brauerei, wenig später nach Münchner Vorbild in Stockholm eine

Bierbrauerei gegründet. Erst später folgte die Herstellung von Pils.

Seit dem 20. Jahrhundert wird Alkohol in Schweden stark besteuert – aus steuertechnischer Sicht existieren heute drei verschiedene Bierklassen. Biere bis 2,2 Prozent Alkohol gehören zur Klasse 1 und sind von der Biersteuer befreit, denn nach europäischem Recht handelt es sich hierbei um alkoholfreie Biere, die in Schweden unbegrenzt und von jedem verkauft werden können. Biere der Klasse 2 haben zwischen 2,3 und 3,5 Prozent Alkohol und dürfen auch im Supermarkt verkauft werden, aber nur an Personen über 18 Jahre. Biere mit einem Alkoholgehalt von über 3,6 Prozent dürfen nur in den staatlichen Alkoholläden, den *Systembolaget,* verkauft oder im Restaurant zusammen mit einem Essen bestellt werden. Schweden importiert Bier, besitzt aber trotz der Alkoholrestriktion eigene Marken wie Pripps, Åbro oder Münchener Bayerskt.

Andere Alkoholika

Neben Bier ist auch Cidre in Schweden sehr beliebt. Er wird nicht nur aus Äpfeln hergestellt, sondern auch aus Birnen und – für Schweden typisch – aus Beerenobst.

Aus Kartoffeln, Roggen oder Gerste wird traditionell Schnaps gebrannt. Da die professionell hergestellten Schnäpse stark besteuert werden, haben viele Schweden sich ein illegales Hobby zugelegt: das Schnapsbrennen.

Mit den einfachsten Mitteln wird in Schuppen oder Kellern aus allen möglichen Zuckerlösungen gebrannt. Es mag durchaus sein, dass manchem Hobbybrenner einmal ein guter Schnaps gelingt; das wahrscheinlichere Ergebnis ist jedoch billiger Fusel, der am Tag danach den Kopf dröhnen lässt. Seien Sie daher vorsichtig, wenn Ihnen selbst gebrannter Schnaps angeboten wird. Nicht jedes Getränk, das von einem Einheimischen vertragen wird, ist auch für den Touristen bekömmlich.

Maße und Abkürzungen im Rezeptteil

EL	Esslöffel
TL	Teelöffel
g	Gramm
kg	Kilogramm
l	Liter
ml	Milliliter

1 Esslöffel Öl: 10 cl
1 Esslöffel Mehl: 12 g
1 Esslöffel Zucker, Salz: 16 g

1 Teelöffel Salz, Zucker: 8 g
1 Teelöffel Senf: 10 g
1 Teelöffel Stärke: 6 g

Wenn nicht anders angegeben, sind Tee- und Esslöffel gestrichen gefüllt.

Alle Rezepte mit Ausnahme der Getränke sind für vier Personen berechnet.

(Foto: M. Beyer)

▲ Neuntausend Küstenkilometer an Ost- und Nordsee lassen das Herz jedes Fischliebhabers höher schlagen.

▲ Es gibt sie wirklich, die rot angestrichenen Häuser in kleinen Dörfern.

▲ Auf den Spuren der Wikinger

(Foto: M. Beyer)

▲ Smultronställen nennen die Schweden den Ort, an den sie in jedem Sommer zurückkehren, um die süßen Früchte des Waldes zu sammeln. Diese Stellen werden als Familiengeheimnisse gehütet und von einer Generation an die nächste weitergegeben.

Schwedisches Büfett
Smörgåsbord

Smörgåsbord ist das Aushängeschild für schwedische Gastfreundschaft. Traditionell wird in Schweden ein Gast mit ein paar Brothäppchen und einem Schnaps begrüßt – je reichhaltiger die Auswahl an Speisen, desto wohlhabender der Gastgeber. Heute ist Smörgåsbord von der Gastronomie wieder entdeckt und um viele kleine Leckereien ergänzt worden.

Belegte Brote
Smörgåsar

Das Brot dünn mit Butter bestreichen und diagonal halbieren. Salat putzen, waschen, trockentupfen, auf die Brote verteilen. Rote Bete fein würfeln. Matjesfilets quer halbieren und mit Rote-Bete-Würfeln belegen. Einrollen und auf zehn Vollkornbrote verteilen. Schinken und Lachs auf die übrigen Brote verteilen. Die Eier pellen, in Scheiben oder Würfel schneiden. Tomaten halbieren, Zitrone in dünne Scheiben teilen. Die Brote mit Tomaten, Eiern, Zitrone, Remouladen- und Meerrettichtupfern sowie Kräutern verzieren. Auf Platten servieren.

für 40 Stück

10 Scheiben Vollkornbrot (quadratisch)
10 Scheiben Weiß- oder Toastbrot
3-4 EL weiche Butter
1 Kopf Blattsalat
100 g Rote-Bete-Scheiben (aus dem Glas)
10 Matjesfilets
15 Scheiben Rentier- oder Rindersaftschinken
400 g gebeizter Lachs in Scheiben
2-3 hart gekochte Eier
20 Kirschtomaten
1 ungespritzte Zitrone
6 EL dänische Remoulade (aus der Tube)
3 EL geriebener Meerrettich
etwas Petersilie und Dill

Überbackener Rogen
Gratinerad rom

Den Backofen auf 200° C vorheizen.
Den Rogen mit einer Gabel zerteilen und mit Schnittlauch vermischen. Die Eier mit Milch verschlagen, mit Rogen vermengen und mit Pfeffer würzen. Die Masse in vier eingefettete Gratinförmchen füllen und im Ofen 20 Minuten stocken lassen.

50-100 g Dorschrogen
4 EL Schnittlauchröllchen
2 geschlagene Eier
300 ml Milch
Butter zum Einfetten

Dillhering
Dillsill

2 Tage ziehen lassen

8 gesalzene Heringsfilets
1 Zwiebel
1 Bund Dill
2 Pimentkörner
125 ml Weißweinessig
5 EL Zucker

Die Heringsfilets unter kaltem Wasser abspülen, trockentupfen und in mundgerechte Stücke schneiden. Zwiebel und Dill fein hacken, Piment im Mörser zerstoßen. Alles mit Pfeffer in ein hohes Weck- oder Schraubglas geben.
Den Essig mit 125 ml Wasser aufkochen, den Zucker darin auflösen. Die heiße Marinade über den Hering gießen und das Ganze gut verschlossen im Kühlschrank zwei Tage durchziehen lassen.

Variante
Dazu passen frische Kartoffeln. Dillheringe lassen sich auch auf ein Knäckebrot legen; statt Butter bestreichen Sie das Brot mit saurer Sahne.

Matjesteller
Silltallrik

1/4 Kopf Eisbergsalat
4-6 Matjesfilet
2 hart gekochte Eier
10-12 Scheiben eingelegte Rote Bete
1 Bund Schnittlauch
4 EL saure Sahne

Den Eisbergsalat putzen und in feine Streifen schneiden. Die Matjesfilets in Stücke schneiden und auf vier Teller verteilen. Die Eier pellen, Eiweiß und -gelb einzeln zerkleinern. Rote Bete und Schnittlauch fein hacken. Die Zutaten jeweils in Streifen auf den Fisch legen. Die Salatstreifen ringförmig um die Matjesfilets anordnen und auf den Rand jedes Tellers 1 EL saure Sahne setzen.

Anchovisrolle
Tunnbrödrullar med ansjovis

4 Eier
100 ml Milch
2 EL Butter
100 g Anchovisfilets
1 Stange Porree
2 Scheiben weiches schwedisches Dünnbrot

Die Eier mit Milch und 1/2 TL Salz verschlagen. In einer Pfanne 1 EL Butter zerlassen und die Eiermischung hineingeben. Stocken lassen, bis das Rührei eine cremige Konsistenz hat. Die Anchovis fein hacken. Den Porree putzen und in sehr feine Streifen schneiden. Das Dünnbrot leicht mit Butter bestreichen, Rührei, Anchovis und Porreestreifen darauf verteilen. Zusammenrollen und in der Mitte durchschneiden.

Sonnenauge
Solöga

8 Anchovisfilets
150 g Rote-Bete-Scheiben (aus dem Glas)
1-2 Zwiebeln
4-8 EL Kapern
4 Eigelb

Anchovis, Rote Bete, Zwiebeln und Kapern getrennt voneinander fein hacken. Die Anchovis auf vier Dessertteller verteilen und in deren Mitte ringförmig anordnen. Darum einen Ring Zwiebeln, einen Ring Kapern und zuletzt Rote Bete legen. In die Mitte des Tellers ein Eigelb setzen.

Solöga wird vom Gast selbst am Tisch verrührt, dazu passt Weiß- oder auch Knäckebrot.

Dünnbrotrolle mit gebeiztem Lachs
Tunnbrödrullar med gravad lax

4 EL süßer schwedischer Senf
2 EL Honig
4 EL fein gehackter Dill
2 Scheiben weiches schwedisches Dünnbrot
1 EL Butter
200 g gebeizter Lachs in Scheiben

Senf, Honig und Dill verrühren, mit Pfeffer und Salz abschmecken. Das Dünnbrot leicht mit Butter bestreichen, mit Lachsscheiben belegen und die Senfsauce darauf verteilen. Zusammenrollen und in 1 bis 2 cm dicke Scheiben schneiden.

Dünnbrotrolle mit Rentierfleisch
Tunnbrödrullar med rökt renkött

1/4 Kopf Eisbergsalat
2 Scheiben weiches schwedisches Dünnbrot
1 EL Butter
100 g geräuchertes Rentierfleisch
2 EL Meerrettichsahne (aus dem Glas)

Den Eisbergsalat putzen und in feine Streifen schneiden.
Das Dünnbrot leicht mit Butter bestreichen und mit Salatblättern belegen. Das Fleisch darauf verteilen und mit Meerrettichsahne bestreichen. Zusammenrollen und in 1 bis 2 cm dicke Scheiben schneiden.

Kaviarrolle
Tunnbrödrullar med rom

1 Zwiebel
50 g roter Kaviar
100 ml Crème fraîche
2 Scheiben weiches schwedisches Dünnbrot
1 EL Butter

Die Zwiebel sehr fein hacken, mit Kaviar und Crème fraîche vermischen, mit Pfeffer und Salz abschmecken. Das Dünnbrot leicht mit Butter bestreichen und die Kaviarmischung darauf verteilen. In 1 bis 2 cm dicke Scheiben schneiden.

Heringstorte à la Gunilla på Skäret
Silltårta å la Gunilla på Skäret

Den Eisbergsalat putzen und in feine Streifen schneiden. Die Zwiebeln fein hacken. Den Schnittlauch in feine Röllchen schneiden. Die Eier pellen und in Scheiben schneiden.
Das Knäckebrot dünn mit Butter bestreichen und nebeneinander legen, so dass sich ein runder Tortenboden ergibt. Käse und Zwiebeln darauf verteilen und mit saurer Sahne bestreichen. Mit einer weiteren Lage Knäckebrot bedecken, mit Eierscheiben belegen, mit Pfeffer würzen und mit Mayonnaise bestreichen. Mit der letzten Lage Brot bedecken und den Salat darauf legen. Den Heringssalat darauf verteilen und mit Schnittlauchröllchen garnieren.

für 8 Personen

1/2 Kopf Eisbergsalat
2 Zwiebeln
1 Bund Schnittlauch
6 hart gekochte Eier
3 Scheiben rundes Knäckebrot oder 12 Viertel (20 cm Durchmesser)
Butter
250 g geriebener Schnittkäse (Greve oder Herrgårdost)
300 g saure Sahne
200 g Mayonnaise
500 g Heringssalat

Lachs-Krabben-Sandwichtorte
Smörgåstårta med lax och räkor

Die Tomaten achteln. Ein Ei fein hacken, die anderen in Scheiben schneiden. Die Hälfte der Garnelen mit 150 g Mayonnaise, dem gehackten Ei und etwas Dill vermischen. 150 g Lachs in kleine Stücke schneiden und mit 150 g Mayonnaise vermischen.
Das Knäckebrot dünn mit Butter bestreichen und nebeneinander legen, so dass sich ein runder Tortenboden ergibt. Die Lachsfüllung darauf streichen und mit dem Knäckebrot belegen. Mit Krabbenfüllung bestreichen und das restliche Knäckebrot darauf legen. Die restliche Mayonnaise darauf verteilen und die Torte mit Krabben, Lachs, gekochtem Ei, Zitrone, Gurke, Tomate und Dill garnieren.

für 8 Personen

2 Tomaten
3 hart gekochte Eier
300 g Tiefseegarnelen
400 g Mayonnaise
4 EL fein gehackter Dill
400 g geräucherter Lachs
3 Scheiben rundes Knäckebrot oder 12 Viertel (20 cm Durchmesser)
Butter
10 Zitronenscheiben
10 Gurkenscheiben

Gestockte Eier
Äggstanning

1/2 l Milch
8 Eier
Butter zum Einfetten

Den Backofen auf 175° C vorheizen.
Die Milch erhitzen, aber nicht kochen. Die Eier aufschlagen, nach Geschmack salzen, die Milch zugießen. Die Eimasse in eine eingefettete Auflaufform geben, mit Aluminiumfolie bedecken, mit einer Gabel Löcher einstechen.
Die Form in ein Wasserbad stellen und die Eimasse im Ofen 30 Minuten stocken lassen.

Gefüllte Eierhälften
Fyllda ägghalvor

8 hart gekochte Eier
100 g süße Sahne
1 EL geriebener Meerrettich
3 EL Mayonnaise
3 EL saure Sahne
4 EL fein gehackte Kräuter (Dill, Petersilie, Schnittlauch, Sauerampfer)
Anchovisfilets
geräucherter Lachs
Kaviar
Krabben
Kräuterzweige

Die Eier längs halbieren, die Eigelbe herausnehmen und mit einer Gabel zerdrücken. Die Sahne steif schlagen, den Meerrettich unterrühren. Mayonnaise und saure Sahne vermischen und die Kräuter zugeben. Die Eigelbe jeweils zur Hälfte mit den beiden Saucen vermischen und in die Eierhälften füllen. Wahlweise Anchovis, Lachs, Kaviar und Krabben darauf legen und auf einer Platte anrichten. Mit Kräuterzweigen dekorieren.

Gefüllte Eier
Fyllda ägg

4 Eier
80 g Doppelrahm-Frischkäse
2 EL Milch
1/2 TL eingelegter grüner Pfeffer
edelsüßes Paprikapulver
abgeriebene Zitronenschale
2 Scheiben Lachsschinken
1/2 Kästchen Kresse

Die Eier hart kochen, abschrecken und die obere Hälfte abpellen. Die Eihütchen abschneiden. Eigelbe mit einem Teelöffel herausnehmen, durch ein Haarsieb in eine Schüssel streichen. Mit Frischkäse und Milch verrühren. Grünen Pfeffer und das Eiweiß der Hütchen fein hacken, unterrühren. Mit Pfeffer, Salz, Paprika und Zitronenschale abschmecken. Die Masse in einen Spritzbeutel mit großer Lochtülle füllen. Eier samt Schale in Eierbecher setzen, die Creme hineinspritzen.
Lachsschinken in Streifen schneiden und auf den Eiern verteilen. Nach Belieben mit Kresse verzieren.

Falls etwas von der Creme übrig bleibt, kann sie als Brotaufstrich verwendet werden.

Hot Dog

4 Frankfurter oder Wiener Würstchen
2 große Essiggurken
4 weiche Hot-Dog-Brötchen
4 EL Tomatenketchup
4 TL Mayonnaise
4 TL mittelscharfer Senf
4 EL Röstzwiebeln

Die Würstchen in einen Topf mit Wasser geben. Das Wasser erwärmen, aber nicht zum Kochen bringen, damit die Würstchen nicht platzen. Die Gurken in dünne Scheiben schneiden. Die Brötchen kurz im Backofen vorwärmen, dann längs einschneiden, aber nicht durchtrennen. Die heißen Würstchen in die Brötchen legen, mit Ketchup, Mayonnaise und Senf bestreichen. Die Gurkenscheiben seitlich anlegen und mit Röstzwiebeln bestreuen. Die Brötchen etwas zusammendrücken, eventuell mit einer Papierserviette einwickeln und heiß servieren.

Falls Sie regelmäßig Hot Dogs essen, können Sie statt Ketchup, Senf und Mayonnaise auch fertige Hot-Dog-Sauce verwenden.

Salate
Sallader

Salate sind ein fester Bestandteil von Büfetts oder werden als Beilagen serviert. Bunter Blattsalat, Tomaten, Gurken und Paprika sind heute – wie fast überall – auch in Nordeuropa weit verbreitet, jedoch sind die ursprünglichen und eher typischen Zutaten Kartoffeln, Fisch und Meeresfrüchte. Übrigens wird in Schweden Blattsalat auch gerne mit einer süßen Sauce angemacht.

Grüner Salat
Grön sallad

2 Kopfsalate
1/2 Zitrone (Saft)
50 g Magerquark
80 g süße Sahne
Zucker

Den Salat putzen, in mundgerechte Stücke zupfen und in einer großen Salatschüssel verteilen. Den Zitronensaft mit Quark und Sahne verrühren, mit Salz und Zucker abschmecken. Vor dem Servieren die Salatsauce auf den Salat geben und gründlich vermengen.

Westküstensalat
Västkustsallad

für 6 Personen

250 g gepulte Grönlandkrabben
200 g Miesmuscheln (frisch gekocht oder aus dem Glas)
200 g grüne tiefgefrorene Erbsen (aufgetaut)
Zucker
500 g weißer Spargel
5 g Butter
250 g Champignons
4 EL Weinessig
1/2 Eisberg- oder knackiger grüner Salat
6 EL Sonnenblumenöl
6 EL fein gehackter Dill

Krabben und Muscheln in ein Sieb geben, kurz mit kaltem Wasser abspülen und abtropfen lassen. Die Erbsen in etwas Salzwasser mit einer Prise Zucker gar kochen und abkühlen lassen. Den Spargel schälen und in Salzwasser mit Butter und einer Prise Zucker etwa 15 Minuten garen – er darf nicht zu weich werden. Die Spargelstangen in mundgerechte Stücke schneiden. Champignons säubern, in Scheiben schneiden und mit etwas Essig beträufeln. Den Salat putzen und in mundgerechte Stücke zupfen. Für die Sauce Essig, Öl, Pfeffer, Salz und Dill verrühren.
Alle Zutaten bis auf die Salatblätter in eine große Salatschüssel geben und in der Sauce marinieren. Kurz vor dem Servieren die Salatblätter hinzufügen.

Fischsalat
Fisksallad

400 g Dorschfilet
100 ml Fischfond
1/2 Salatgurke
4 mittelgroße Tomaten
100 g Mayonnaise
100 g saure Sahne
2 TL Currypulver
etwas Zucker
4 EL fein gehackte Pimpinelle

Den Fisch gründlich unter kaltem Wasser säubern. Mit Salz einreiben und in Fischfond dünsten. Währenddessen die Gurke schälen, längs halbieren, die Kerne mit einem Esslöffel herauskratzen und die Gurke in Würfel schneiden. Die Tomaten halbieren, entstielen und ebenfalls würfeln.
Den Fisch herausnehmen und in Würfel zerteilen, mit Gurke und Tomate in eine Schüssel geben.
Mayonnaise mit saurer Sahne und 5 EL Fischfond zu einer glatten Sauce verrühren. Mit Curry, Pfeffer, Salz und Zucker abschmecken. Die Pimpinelle unterrühren. Die Salatsauce vorsichtig unterheben.

Variante
Statt Pimpinelle können Sie auch Zitronenmelisse verwenden.

Heringssalat
Sillsallad

4 gut gewässerte Salzheringsfilets oder Matjes
4 gekochte mittelgroße Kartoffeln
200 g eingelegte Rote Bete
2 säuerliche Äpfel (Boskop)
1 kleine Zwiebel
1 Bund Dill
1 TL Zucker
100 g süße Sahne

Die Heringsfilets in mundgerechte Stücke schneiden. Kartoffeln und Rote Bete würfeln. Die Äpfel schälen, vierteln, entkernen und fein würfeln. Zwiebel und Dill fein hacken. Alle Zutaten vermischen und mit Pfeffer, Salz und Zucker würzen. Die Sahne steif schlagen, mit 1 EL Rote-Bete-Saft einfärben und kurz vor dem Servieren unterziehen.

Krabbensalat
Räksallad

Die Krabben in ein Sieb geben, kurz unter kaltem Wasser abspülen und abtropfen lassen. Die Radieschen putzen und in kleine Stifte schneiden. Die Kresse mit einer Küchenschere vom Ballen schneiden. Mayonnaise und saure Sahne miteinander verrühren. Zitronensaft unterrühren, mit Zucker, Cayennepfeffer, Pfeffer und Salz abschmecken. Krabben und Radieschen vermischen, die Salatsauce unterheben und Kresse darüber streuen.

500 g gepulte Grönlandkrabben
1 Bund Radieschen
1 Kästchen Kresse
4 EL Mayonnaise
5 EL saure Sahne
2 EL Zitronensaft
1 Prise Zucker
1 Prise Cayennepfeffer

Muschelsalat
Musslorsallad

Das Muschelfleisch abtropfen lassen. Möhren und Sellerie putzen, schälen und in kleine Würfel schneiden. Den Dill fein hacken.
Möhren und Sellerie in Salzwasser 7 Minuten garen. Die Erbsen hinzufügen und alles weitere 3 Minuten garen. Abkühlen lassen und zum Muschelfleisch geben.
Für die Sauce Essig und Öl verquirlen, mit Pfeffer, Salz und Zucker abschmecken. Den Dill mit der Salatsauce unter den Salat heben. Das Ganze gut mischen und 30 Minuten durchziehen lassen.

1 kg gekochte ungeschälte Miesmuscheln oder 200-300 g Muschelfleisch
4 Möhren
200 g Knollensellerie
1 Bund Dill
200 g tiefgefrorene Erbsen (aufgetaut)
2 EL Weißweinessig
4 EL Sonnenblumenöl
1 Prise Zucker

Kartoffelsalat
Potatissallad

600 g Kartoffeln
200 g eingelegte Rote Bete
20 g Kapern (etwa 1 kleines Glas)
1 Bund Schnittlauch
200 g saure Sahne oder Crème fraîche
1 EL süßer Senf
1 Prise Zucker

Die Kartoffeln gründlich bürsten und 20 Minuten garen. Abdampfen lassen, pellen und in Würfel schneiden. Rote Bete klein würfeln und mit den Kapern zugeben. Schnittlauch in feine Röllchen schneiden. Für die Sauce saure Sahne mit Senf, Pfeffer, Salz und Zucker verrühren. Die Schnittlauchröllchen mit der Salatsauce unter den Salat heben. Das Ganze gut durchziehen lassen.

Kartoffel-Porree-Salat
Potatispurjolöksallad

800 g Kartoffeln
2 Stangen Porree
4 EL Weißweinessig
8 EL Sonnenblumenöl
5 EL Gemüsebrühe
1 Prise Zucker

Die Kartoffeln gründlich bürsten und 20 Minuten garen. Abdampfen lassen, pellen und in Scheiben schneiden. Den Porree putzen und in feine Ringe schneiden. Beides mischen. Aus Essig, Öl, Brühe, Pfeffer, Salz und Zucker eine Sauce herstellen. Über die Salatzutaten geben, mischen und mindestens 30 Minuten durchziehen lassen.

Kartoffelsalat mit Pilzen
Potatissvampsallad

Die Kartoffeln gründlich bürsten und 20 Minuten garen. Abdampfen lassen, pellen und in Scheiben schneiden. Die Lauchzwiebeln putzen und schräg in 1/2 cm breite Ringe schneiden. Die Pfifferlinge putzen, große halbieren oder vierteln.
Die Hälfte des Öls erhitzen, Pfifferlinge und Frühlingszwiebeln kurz anbraten. Mit Pfeffer und Salz würzen. Aus dem restlichen Öl, Essig, Brühe, Pfeffer, Salz und Zucker eine Sauce herstellen. Den Schnittlauch in feine Röllchen schneiden. Alle Zutaten in eine Salatschüssel geben, mit Sauce übergießen, mischen und mindestens 30 Minuten durchziehen lassen.

600 g Kartoffeln
1/2 Bund Lauchzwiebeln
300 g Pfifferlinge
5 EL Sonnenblumenöl
4 EL Weißweinessig
100 ml Gemüsebrühe
1 Prise Zucker
1 Bund Schnittlauch

Rote-Bete-Salat
Rödbetssallad

Rote Bete fein würfeln. Den Apfel schälen, vierteln, entkernen und fein würfeln. Die Meerrettichwurzel schälen und fein raspeln. Mit Salz und Zitronensaft unter die saure Sahne rühren. Alles in eine Schüssel geben, mischen und mindestens 30 Minuten durchziehen lassen.

350 g eingelegte Rote Bete
1 saurer Apfel (Boskop)
1 cm fein geraspelte Meerrettichwurzel
1 EL Zitronensaft
200 g saure Sahne

Steckrübenrohkost
Kålrotssallad

Die Steckrübe schälen, in Stücke schneiden und fein raspeln. Sofort mit Zitronensaft mischen, damit die Raspel nicht braun werden. Öl untermengen, mit Pfeffer, Salz und Zucker abschmecken.

1 Steckrübe (500 g)
1/2 Zitrone (Saft)
2 EL Sonnenblumenöl
Zucker

Geflügelsalat
Kycklingsallad

für 6 Personen

1 gekochtes Suppenhuhn
250 g Champignons
1 rote Paprikaschote
2-3 Stangen Bleichsellerie
1 Chicorée
4 EL Essig
6 EL Sonnenblumenöl
6 EL Hühnerbrühe
1 TL Senf

Das Huhn häuten, das Fleisch vom Knochen lösen und in mundgerechte Stücke zerkleinern. Die Champignons putzen und in Scheiben schneiden. Paprika und Sellerie putzen und fein würfeln, Chicorée in Streifen schneiden.
Das Fleisch mit dem Gemüse in eine Salatschüssel geben. Aus Essig, Öl, Senf, Brühe, Pfeffer und Salz eine Salatsauce herstellen und über die Zutaten geben. Das Ganze mischen und mindestens 30 Minuten durchziehen lassen.

Suppen und Eintöpfe
Soppor

Die Suppe ist nicht nur eine beliebte Mahlzeit, um sich an kalten Tagen aufzuwärmen, sondern auch der traditionelle Einstieg in ein schwedisches Menü. Im Frühjahr gehört die Brennnesselsuppe zu den Klassikern, im Spätsommer bereichern Suppen mit Wildpilzen den Speiseplan und im Winter stand insbesondere nach dem Schlachten – wie im ganzen Ostseeraum – Schwarzsauer hoch im Kurs.

Biersuppe
Ölsoppa

1/2 l Milch
200 g süße Sahne
1/2 l Bier
1 EL Stärke
2 Eigelb
Zucker
gemahlener Zimt

Ein paar EL Milch zur Seite stellen. Die Milch mit Sahne und Bier aufkochen. Die zurückgehaltene Milch mit der Stärke verrühren, in die kochende Suppe geben, einmal aufkochen. Die Eigelbe verquirlen und die Suppe damit legieren. Mit einer Prise Salz, etwas Zucker und Zimt abschmecken.

Variante
Wer mag, kann Rosinen als Einlage in der Suppe mitkochen.

Möhrensuppe mit Holunder
Morotsoppa med fläder

400 g Möhren
2 Zwiebeln
2 säuerliche Äpfel
1 EL Butter
1/2 TL gemahlener Ingwer
1/2 TL gemahlener Zimt
1/2 l Gemüsebrühe
150 ml Orangensaft
4-6 Holunderblütendolden
2-3 EL Holunderblütensirup
150 g Crème fraîche
Öl zum Ausbacken

Möhren schaben und grob zerteilen. Zwiebeln fein würfeln. Äpfel schälen, vierteln, entkernen und in Stücke schneiden.
In einem großen Topf Butter erhitzen und die Zwiebeln andünsten. Ingwer und Zimt zugeben, kurz mitdünsten. Möhren und Äpfel hinzufügen, Brühe und Orangensaft angießen und etwa 15 Minuten dünsten. Währenddessen Holunderblüten waschen und trockentupfen.
Die Suppe pürieren, mit Sirup, Pfeffer und Salz abschmecken. Die Crème fraîche einrühren. Die Holunderblüten in heißem Öl ausbacken.
Die Suppe mit Holunder garnieren.

Brennnesselsuppe

Nässelsoppa

2 l junge Brennnesselblätter
20 g Butter
1 l Rinderbrühe
3-4 EL Mehl
4 EL Crème fraîche

Wenn Sie die Brennnesseln selbst sammeln, achten Sie darauf, eine Tragetasche mit den ganzen Pflanzen zu füllen. Zu Hause können Sie dann die Blätter von den Stielen zupfen. Am besten tragen Sie beim Pflücken und Zupfen Gummihandschuhe, denn viele Menschen reagieren beim Kontakt mit der Pflanze mit Hautrötungen. Durch das Kochen aber verschwindet der durch die Härchen ausgelöste brennende Effekt.

Die Brennnesselblätter waschen. In einem Topf die Butter erhitzen und die tropfnassen Blätter anschwitzen. Mit Brühe ablöschen und etwa 15 Minuten kochen.
Das Mehl mit etwas Wasser verrühren, in die kochende Suppe geben und unter Rühren 1 Minute kochen, bis die Suppe sämig wird. Pürieren, mit Pfeffer und Salz abschmecken, mit Crème fraîche verfeinern.

Gurkensuppe mit Krabben
Gurksoppa med räkor

Die Gurke längs halbieren, entkernen, in Stücke teilen und pürieren. Mit Schwedenmilch, Sahne, Zitronensaft, Knoblauch, Pfeffer, Salz und Zucker verrühren, abschmecken. Zugedeckt kalt stellen.
Einige Spitzen Dill zur Seite legen. Den Rest fein hacken und unter die Suppe rühren. Kurz vor dem Servieren die Suppe in Tassen füllen, mit Dillspitzen und Krabben garnieren.

1 Salatgurke (etwa 500 g)
200 g Schwedenmilch
150 g süße Sahne
2 EL Zitronensaft
1 fein gehackte Knoblauchzehe
etwas Zucker
1 Bund Dill
100 g Nordsee- oder Tiefseekrabben (küchenfertig ohne Schale)

Gemüsesuppe mit Krabben
Grönsakssoppa med räkor

Die Möhren schaben und in dünne Scheiben schneiden. Die Kartoffeln schälen und würfeln. Den Spargel schälen, die unteren Enden abschneiden und die Stangen in 3 cm große Stücke teilen. Den Spinat putzen und gründlich waschen. Die Brühe erhitzen.
Möhren, Kartoffeln und Spargel in der Brühe etwa 15 Minuten garen. Währenddessen die Petersilie fein hacken. Die Krabben kalt abspülen und abtropfen lassen.
Spinat und Erbsen zur Suppe geben und alles weitere 5 Minuten garen. Die Sahne mit dem Eigelb verquirlen und damit die nicht mehr kochende Suppe legieren. Petersilie und Krabben unterheben. Mit Pfeffer und Salz abschmecken.

200 g Möhren
200 g Kartoffeln
250 g weißer Spargel
150 g Blattspinat
1 l Gemüsebrühe
1/2 Bund Petersilie
100 g Nordsee- oder Tiefseekrabben (küchenfertig ohne Schale)
100 g tiefgefrorene Erbsen (aufgetaut)
100 g Schlagsahne
1 Eigelb

Feine Krabbensuppe
Fin räksoppa

500 g gegarte Nordseekrabben
50 g Knollensellerie
1 Zwiebel
2 EL Butter
3 EL Mehl
1/2 l Fischbrühe
200 ml trockener Weißwein
200 g süße Sahne

Die Krabben schälen, Fleisch und Schalen getrennt zur Seite legen. Den Sellerie putzen und sehr fein würfeln, die Zwiebel fein hacken. Butter erhitzen und Krabbenschalen, Sellerie und Zwiebel goldgelb anbraten. Mit Mehl bestäuben, Brühe und Wein zugießen. Bei schwacher Hitze zugedeckt 15 Minuten köcheln.
Die Suppe durch ein Sieb gießen und die Schalen entfernen. Erneut erhitzen und die Sahne angießen, mit Pfeffer und Salz abschmecken.
Das Krabbenfleisch in einem zweiten Topf in etwas Brühe oder Wein erwärmen, nicht kochen. Die Krabben in die Suppe geben und sofort servieren.

Fischsuppe
Fisksoppa

Bei Dorsch und Kabeljau handelt es sich um den gleichen Fisch. Vor der Geschlechtsreife wird er Dorsch genannt und zählt zu den typischen Fischen der Ostsee, denn der Kabeljau laicht besonders gerne in flachen und ruhigen Gewässern. Nach der Geschlechtsreife wird der Fisch Kabeljau genannt. Er ist auch außerhalb der Ostsee weit verbreitet.

1/4 Stange Porree
30 g Butter
1/2 l Milch
1/2 TL Fischwürze
2 Dorschfilets
1/4 Bund Dill
200 ml Sahne
3 EL Crème fraîche
100 ml trockener Weißwein
200 g gepulte Garnelen

Den Porree putzen und in feine Ringe schneiden. Butter erhitzen und den Porree dünsten. Mit der Milch ablöschen, die Fischwürze hinzufügen. Die Dorschfilets in kleine Stücke schneiden und in der Milch einige Minuten garen. Den Dill fein hacken. Sahne und Crème fraîche unterrühren, mit Pfeffer, Salz und Wein abschmecken. Zum Schluss die Garnelen darin erwärmen.

Gelbe Erbsensuppe mit Schweinefleisch
Gul ärtsoppa med fläsk

2-3 Stunden Zubereitungszeit

250 g getrocknete gelbe Erbsen
3 mittelgroße Zwiebeln
2 Gewürznelken
20 g Butter
500 g mageres gepökeltes Schweinefleisch am Stück
800 ml Fleischbrühe
2 TL Majoran

Die Erbsen unter kaltem Wasser abspülen. Mit 1 l Wasser bedecken und zum Kochen bringen. Erbsen, die an die Oberfläche steigen, abschöpfen. 5 Minuten kochen, den Herd abschalten und die Erbsen in dem heißen Wasser eine Stunde quellen lassen. Dann abgießen.

Zwei Zwiebeln fein hacken, die dritte mit den Nelken spicken. In einem Topf die Butter erhitzen und die Zwiebelwürfel anschwitzen. Fleisch, gespickte Zwiebel und Erbsen hinzufügen. Mit Brühe aufgießen und mit Majoran würzen. Den Erbseneintopf 75 Minuten köcheln, bis die Erbsen weich sind, aber nicht zerfallen.

Die ganze Zwiebel und das Pökelfleisch aus der Suppe nehmen. Das Fleisch in Scheiben oder Würfel schneiden. Als Würfel zurück in die Suppe geben, in Scheiben extra reichen. Die Suppe mit Salz und Majoran abschmecken.

Zu Ärtsoppa med fläsk wird brauner Senf gereicht: ein dicker Klecks auf den Tellerrand. Vor jedem Eintauchen des Löffels in die Suppe streift man daran entlang.

Erbsensuppe mit Gemüse
Gul ärtsoppa med grönsaker

Die Erbsen über Nacht in Wasser einweichen.
Am nächsten Tag abgießen. Möhren, Sellerie und Porree putzen und klein schneiden, die Zwiebeln fein hacken. Den Speck auslassen und die Würfel auf einen Teller geben. In dem Fett die Zwiebeln glasig dünsten. Das restliche Gemüse tropfnass hinzufügen und anschwitzen. Mit Salz und Kardamom würzen. Zum Schluss Erbsen und Brühe hinzugeben und alles zwei Stunden köcheln, bis die Erbsen weich sind.
Die Petersilie fein hacken. Die Suppe pürieren, mit Pfeffer und Salz abschmecken. In tiefen Tellern servieren, Petersilie und Speckwürfel darüber geben.

am Vortag beginnen
2 Stunden Kochzeit

200 g getrocknete gelbe Erbsen
2 Möhren
300 g Knollensellerie
1 Stange Porree
2 Zwiebeln
200 g gewürfelter Räucherspeck
1 Messerspitze Kardamom
800 ml Gemüsebrühe
1/2 Bund Petersilie

Pilzsuppe
Svampsoppa

Die Pilze putzen und grob hacken, die Zwiebel fein hacken.
In einem Topf Butter zerlassen, Zwiebel und Pilze dünsten. Mit Mehl bestäuben und umrühren. Die Brühe zugießen und einige Minuten kochen.
Mit Sahne verfeinern, mit Pfeffer, Salz und Sherry abschmecken – Salz sparsam verwenden, da die Brühe bereits gesalzen ist.

200 g Waldpilze
1 Zwiebel
2 EL Butter
3 EL Mehl
800 ml Gemüse- oder Hühnerbrühe
100 g süße Sahne
2 EL Sherry

Zur Suppe werden Käsestangen oder Cracker gereicht.

Schwarzsauer
Svartsoppa

- *2 l Brühe*
- *400 ml Schweine- oder Gänseblut*
- *3 EL Weizenmehl*
- *1 EL Salz*
- *1 EL Zucker*
- *1 TL gemahlener Ingwer*
- *1 TL gemahlene Gewürznelken*
- *200 ml Apfel- oder Birnendicksaft*
- *2 EL Weißweinessig*
- *3 EL Weinbrand*
- *100 ml Sherry*

Schwarzsauer ist im ganzen Ostseeraum beliebt und wird traditionell nach dem Schlachten zubereitet. Beilagen sind Gänseklein (Hals, Magen und Herz), das in leicht gesalzenem Wasser gegart wurde, und frische Leberwurst, die auf einem Extrateller dazu gereicht wird.
Mit etwas Glück erhalten Sie Blut beim Schlachter, der noch selbst schlachtet.

Die Brühe aufkochen. Das Blut mit dem Mehl verquirlen und etwas heiße Brühe unter kräftigem Schlagen zugießen. Die Mischung unter kräftigem Rühren mit dem Schneebesen in die Brühe geben und alles etwa 10 Minuten kochen. Dabei ständig weiterrühren, damit die Suppe nicht ausflockt.
Die Suppe mit den übrigen Zutaten kräftig abschmecken, so dass sie einen runden und vollen Geschmack erhält.

Das Gericht kann auch einen Tag vorher zubereitet werden, dann kommen die Gewürze besser zur Geltung. Kurz vor dem Servieren die Suppe unter Schlagen vorsichtig erwärmen.

Fleischbrühe mit Brot

Dopp i grytan

Dieses Gericht wurde früher oft Heiligabend serviert. Dann wurde keine Fleischbrühe gekocht, sondern der Sud verwendet, der bei der Herstellung des gekochten Schinkens entsteht. Dieser Sud ist jedoch eher salzig als aromatisch, so dass die Suppe mit einer leckeren Rinderbrühe wesentlich besser schmeckt.

für 4-6 Personen

1 kleine Stange Porree
1 große Möhre
100 g Knollensellerie
2 Zwiebeln
1 Tomate
3 EL Sonnenblumenöl
500 g Ochsenschwanz (vom Schlachter bereits durchtrennt)
500 g Rinderknochen
2 Lorbeerblätter
3 Wacholderbeeren
etwa 10 schwarze Pfefferkörner
2-3 Thymianzweige
4 EL trockener Sherry
4-6 Scheiben Weißbrot

Porree, Möhre und Sellerie putzen, in große Stücke schneiden. Zwiebeln und Tomate vierteln.

In einem großen Topf Öl erhitzen, Ochsenschwanzstücke und Rinderknochen bräunen. Das Gemüse zugeben, mit 2 l Wasser ablöschen, Gewürze und Thymian beifügen. Alles etwa 2 Stunden köcheln.

Die Brühe durch ein feines Sieb gießen. Das Fleisch vom Ochsenschwanz lösen und fein würfeln. Die Suppe eventuell klären und entfetten, mit Pfeffer, Salz und Sherry abschmecken. Die Fleischwürfel in Suppentassen geben und mit Suppe übergießen. Das Brot in mundgerechte Stücke schneiden und getrennt dazu reichen.

Am Tisch entscheidet jeder selbst, wie viel Brot in seine Suppe gegeben wird.

Grünkohlsuppe
Grönkålsoppa

500 g frischer Grünkohl
2 EL Butter
3 EL Mehl
1 l Fleischbrühe
geriebene Muskatnuss
100 g süße Sahne

Den Kohl waschen und abtropfen lassen, Blätter abstreifen und harte Stiele entfernen. Die Blätter in leicht gesalzenem Wasser etwa 10 Minuten brühen. Das Wasser abgießen, den Kohl fein hacken oder in der Küchenmaschine zerkleinern. In einem Topf Butter erhitzen, Mehl hinzugeben, nach und nach mit Brühe ablöschen. Den Kohl hinzufügen und die Suppe unter Rühren aufkochen. Mit Muskat, Pfeffer und Salz würzen, mit Sahne verfeinern.

In Schweden wird Grünkohlsuppe auch mit verlorenen oder hart gekochten Eiern serviert. Doch auch eine in Scheiben geschnittene Fleischwurst passt dazu. Statt Grünkohl wird im Sommer gerne Spinat verwendet.

Kohlsuppe aus Skåne
Skånsk kålsoppa

500 g gepökelte Schweinerippchen
2-3 Pfefferkörner
400 g Weißkohl
4-5 Kartoffeln
2-3 Möhren
4 EL fein gehackte Petersilie

Das Fleisch in einen Topf legen, 1 1/2 l Wasser zugießen und aufkochen. Die Brühe abschäumen und die Pfefferkörner zugeben. Den Kohl putzen, fein wiegen und waschen. Kartoffeln und Möhren schälen, in kleine Würfel schneiden und mit dem Kohl in den Topf geben. Salzen und etwa 30 Minuten kochen, bis alles weich ist.
Das Fleisch herausnehmen und den Eintopf abschmecken, mit Petersilie garnieren.

Beilagen
Bilagor

In Schweden ist die wichtigste Stärkebeilage die Kartoffel, gefolgt vom Reis. Neben Kartoffelbrei, -puffern und -plätzchen sind Kartoffeln à la Hasselbacken eine echte Spezialität, die man unbedingt einmal zu sich genommen haben sollte. Typische Beilagen zum Fleisch sind süße Kompotts und Marmeladen sowie Kohlgemüse und gestampftes Gemüse.

Kartoffelpüree
Potatismos

800 g mehlig kochende Kartoffeln
2 Zwiebeln
50 g Butter
200 ml Milch
1 Prise geriebene Muskatnuss

Kartoffeln schälen und in Salzwasser etwa 20 Minuten garen. Das Wasser abgießen und die Kartoffeln abdampfen lassen. Währenddessen die Zwiebeln in feine Ringe schneiden. Butter erhitzen und die Zwiebelringe bräunen, herausnehmen. Die Milch aufkochen.
Die Kartoffeln durch die Kartoffelpresse drücken oder stampfen. Mit der Milch verrühren, so dass ein luftiges Püree entsteht. Mit Salz und Muskat würzen, mit Zwiebeln garnieren.

Variante
Statt Zwiebeln können Sie das Kartoffelpüree auch mit Mandeln oder Kräutern sowie Petersilie und Schnittlauch würzen. Bei einem Mandel-Kartoffel-Püree verwendet man Mandelblättchen, die man am besten in einer beschichteten Pfanne ohne Zugabe von Fett bräunt.

Kartoffeln in heller Sauce
Råstuvad potatis

12 Kartoffeln
1 EL Butter
400-500 ml Milch
geriebene Muskatnuss

Die Kartoffeln schälen und in 2 cm große Würfel oder dünne Scheiben schneiden.
In einem Topf Butter zerlassen, Kartoffeln und Milch zugeben. Bei schwacher Hitze zugedeckt weich dünsten, dabei ab und zu umrühren. Mit Pfeffer, Salz und Muskat abschmecken.

Die Kartoffeln zu gebratenem Fleisch, Wurst oder geräuchertem Fisch anrichten.

Kartoffeln à la Hasselbacken
Hasselbackspotatis

10-12 etwa gleich große Kartoffeln
3 EL Butter
2 EL Paniermehl
2 EL geriebener Käse

Hasselbacken ist eine Anhöhe in Stockholm, auf der ein berühmtes Restaurant bzw. Ausflugslokal existiert, das unter anderem vom Poeten Carl Mikael Bellman besucht wurde. Dieses Kartoffelgericht wurde dort serviert.

Die Kartoffeln schälen und in dünne Scheiben schneiden ohne sie ganz zu durchtrennen. Mit der eingeschnittenen Seite nach oben in eine feuerfeste Form oder Bratenpfanne legen und mit Butter einpinseln. Im Ofen bei 200° C auf mittlerer Schiene 45 Minuten backen, dabei ab und zu mit Butter einpinseln.
Gegen Ende der Garzeit mit Salz, Paniermehl und Käse bestreuen.

Passt zu gebratenen Fleisch- und Geflügelgerichten.

Kartoffelpuffer
Rårakor

10-12 Kartoffeln
2 EL Kartoffelstärke
3 EL Öl

Die Kartoffeln schälen und fein reiben. Salz zufügen und 30 Minuten stehen lassen.
Das entstandene Wasser abgießen, die Stärke unterrühren. In einer beschichteten Pfanne Öl erhitzen, die Masse mit einer kleinen Kelle hineingeben und knusprig braun braten.

Kartoffelkuchen
Raggmunkar

Die Milch langsam unter das Mehl mischen, so dass ein glatter Brei entsteht. Das Ei hinzufügen. Die Kartoffeln schälen, fein reiben und unter die Eimasse mischen. Pfeffern und salzen.
In einer beschichteten Pfanne Öl erhitzen, etwas Teig hineingeben und mit einem Löffel flach streichen. Von beiden Seiten goldbraun braten.

1/2 l Milch
120 g Mehl
1 Ei
700 g Kartoffeln
4 EL Öl

Kartoffelklöße aus Öland
Öländska kroppkakor

Die rohen Kartoffeln schälen und fein reiben. In einem Geschirrtuch ausdrücken, so dass eine möglichst trockene Masse entsteht. Die gekochten Kartoffeln ebenfalls fein reiben. Beides miteinander vermischen, Mehl, 1 TL Salz, Pfeffer und Piment unterkneten. Eine längliche Rolle formen und in zwölf Scheiben schneiden.
Den Speck würfeln, die Zwiebel fein hacken. In einer Pfanne die Speckwürfel auslassen und mit der Zwiebel braten. Würzen und umrühren.
1 EL Füllung auf jedes Stück Kartoffelteig geben und zu Klößen formen. Salzwasser aufkochen und die Klöße in das leicht kochende Wasser geben. Wenn sie an der Oberfläche schwimmen, weitere 20 Minuten köcheln.

700 g rohe Kartoffeln
400 g gekochte Kartoffeln
120 g Weizenmehl
zerstoßene Pimentkörner
200 g durchwachsener Speck
1 Zwiebel

Wurzelpüree
Rotmos

500 g Steckrübe
2 Möhren
4 Kartoffeln
50 g süße Sahne
geriebene Muskatnuss

Die Steckrübe, Möhren und Kartoffeln schälen und in 1 cm große Würfel schneiden. Die Steckrübenwürfel in leicht gesalzenem Wasser 20 Minuten kochen. Möhren- und Kartoffelwürfel zugeben und alles weitere 20 Minuten kochen. Das Kochwasser abgießen, einen Teil auffangen. Das Gemüse pürieren, mit Kochwasser und Sahne dem Ganzen eine nicht zu flüssige, jedoch weiche Konsistenz geben. Mit Pfeffer, Salz und Muskat abschmecken.

Variante
Lässt sich mit frischer Petersilie oder Majoran verfeinern.

Das Püree wird zu Kassler oder Wurst serviert.

Gebräunter Weißkohl
Brunkål

1/2 Weißkohl
2 EL brauner Sirup
1 TL Worcestersauce
1/4 l Brühe

Den Kohl putzen, halbieren, den Strunk herausschneiden und die Blätter fein hobeln. In reichlich Salzwasser etwa 10 Minuten blanchieren. Gut abtropfen lassen, mit Sirup, Worcestersauce, Pfeffer und Salz würzen, dabei gut umrühren. In eine flache feuerfeste Form geben. Brühe angießen und den Kohl eventuell mit Aluminiumfolie bedecken. Die Form in den Ofen stellen und bei 200° C etwa eine Stunde backen, bis der Kohl weich ist. Mit Pfeffer und Salz würzen.

Variante
Sie können auch ausgelassenen Speck unter den Weißkohl mischen.

Rotkohl
Rödkål

Den Kohl putzen, halbieren, den Strunk herausschneiden und die Blätter fein hobeln.
In einem Topf Butter erhitzen und den Rotkohl mit dem Sirup schmoren. Den Apfel schälen, vierteln, entkernen und würfeln. Unter den Rotkohl heben und alles weiterschmoren.
Mit Essig, Pfeffer, Salz und Zimt abschmecken.

1/2 Rotkohl
2 EL Butter
2 EL brauner Sirup
1 Apfel
3 EL Rotweinessig
gemahlener Zimt

Grünkohl
Långkål

Den Kohl waschen und abtropfen lassen, Blätter abstreifen und harte Stiele entfernen. Die Blätter grob hacken und in gesalzenem Wasser etwa 5 Minuten blanchieren.
Herausnehmen und gut abtropfen lassen. In einem Topf Butter zerlassen und den Kohl anbraten, dabei umrühren. Nach und nach Sahne unterrühren, mit Pfeffer und Salz abschmecken.

500 g Grünkohl
1 EL Butter
100 g süße Sahne

Preiselbeerkompott
Lingonsylt

für 4 Gläser

1 kg Preiselbeeren
600 g Zucker

Die Preiselbeeren waschen und verlesen. Mit 300 ml Wasser und Zucker unter Rühren aufkochen, etwa 20 Minuten köcheln, bis das Ganze sämig wird.
In sterile Schraubgläser füllen und diese verschließen. Dunkel und kühl lagern.

Preiselbeerkompott wird in Schweden nicht nur zu Wild, sondern allgemein zu Fleisch gegessen.

Pflaumenkompott
Plommonkompott

am Vortag beginnen

250 g Backpflaumen
3 EL Zucker
gemahlener Zimt

Die Pflaumen waschen und in reichlich Wasser über Nacht quellen lassen.
Am nächsten Tag mit 200 ml Einweichwasser, Zucker und Zimt ankochen und in der Nachwärme 10 Minuten fertig garen.

Fisch und Krustentiere
Fisk och skaldjur

Die unzähligen Seen und die lange Küste an Ost- und Nordsee verführen die Schweden zum Fischessen. Das schwedische Nationalgericht ist »Janssons Versuchung«, ein typisches Resteessen. Aber auch edle Fischgerichte hat die schwedische Küche zu bieten: gebeizter Lachs und andere Delikatessen aus Lachs, Hering, Dorsch oder Forelle.

Heringsauflauf
Sillpudding

8 Matjesfilets
600-800 g Kartoffeln
2 Zwiebeln
30 g Butter
200 g süße Sahne
4 Eier
4 EL Zwiebackbrösel
4 EL fein gehackter Dill

Die Matjesfilets etwa eine Stunde in kaltes Wasser legen, dann herausnehmen und in mundgerechte Stücke schneiden. Währenddessen die Kartoffeln schälen und in feine Scheiben schneiden. Die Zwiebeln in Ringe schneiden und in der Hälfte der Butter glasig dünsten.
In eine eingefettete Auflaufform abwechselnd Kartoffelscheiben, Matjesstücke und Zwiebelringe schichten. Pfeffern und salzen. Mit einer Schicht Kartoffeln abschließen. Die Sahne mit den Eiern verrühren und darüber gießen. Mit Zwiebackbröseln bestreuen, Butterflöckchen darauf setzen. Das Ganze im Backofen bei 200° C auf mittlerer Schiene 45 bis 60 Minuten garen.
Herausnehmen, mit Dill bestreuen und sofort servieren.

Die Kartoffeln sollten Sie mit der Küchenmaschine oder einem Gurkenhobel in feine Scheiben schneiden und eine weich kochende Sorte bevorzugen, ansonsten braucht der Auflauf länger.

Hering in Currysauce
Curryströmming

600 g eingelegte Ostsee-Heringe
Butter zum Einfetten
1 Zwiebel
300 g saure Sahne (20 % Fett)
3 EL Mayonnaise
1 TL Curry
1 EL Stärke

Die Heringe unter kaltem Wasser abspülen, trockentupfen, eventuell der Länge nach halbieren. Mit der Hautseite nach innen aufrollen und in eine eingefettete feuerfeste Form legen. Die Zwiebel fein hacken. Die saure Sahne mit Mayonnaise, Salz, Curry und Stärke verrühren, die Zwiebelwürfel unterheben. Die Sauce über die Heringshälften gießen und die Form in den Ofen stellen. Bei 200° C etwa 25 Minuten backen, bis das Ganze Farbe annimmt.

Dazu passen Salzkartoffeln und sauer eingelegte Rote Bete.

Gedünsteter Hering mit Dillsauce
Dillkokt sill

600 g Heringsfilet
4-8 Dillzweige
weißer Pfeffer
1/2 Zitrone (Saft)
1/4 l Fischbrühe
100 g süße Sahne
2 TL Senfpulver
2 EL Stärke

Die Heringsfilets unter kaltem Wasser abspülen und trockentupfen. Je einen Dillzweig auf jedes Filet legen. Jeweils zwei Filets so übereinander legen, dass sie wie ein ganzer Hering aussehen, und in einen Topf geben. Mit Salz und weißem Pfeffer würzen, mit Zitronensaft beträufeln. Etwas Wasser hinzugießen und zugedeckt 5 bis 10 Minuten dünsten.
Für die Senfsauce die Brühe zum Kochen bringen. Die Sahne mit Senfpulver und Stärke verrühren, in die Brühe einrühren und unter Rühren 1 Minute kochen, bis die Sauce sämig wird.

Dazu passen Kartoffeln mit Dill.

Schornsteinfeger
Sotare

1 kg Heringe
Öl
1 Bund Schnittlauch
400 g saure Sahne

Die Heringe ausnehmen, abspülen und trockentupfen. Von außen mit Salz einreiben, mit Öl einpinseln und dicht nebeneinander auf den Grill legen. Von beiden Seiten grillen, bis sie eine schwarzbraune Farbe annehmen.
Die Fische kurz in warmes Salzwasser tauchen, danach die Haut abziehen.
Den Schnittlauch fein hacken. Mit Pfeffer, Salz und saurer Sahne zu einem Dip verrühren und zu den Heringen reichen.

Schornsteinfeger sind nichts anderes als gegrillte Heringe, deren Außenhaut dabei schwarz geworden ist. Sie muss vor dem Verzehr entfernt werden. Das Fischfleisch ist besonders saftig und hat ein spezielles Aroma.
Dazu schmecken Pellkartoffeln.

Glasmeisters Hering
Glasmästarsill

3 Tage vorher beginnen

8 Matjesfilets
2 Möhren
3 rote Zwiebeln
1 Stück Meerrettich (4 cm)
15 Pfefferkörner
6 Pimentkörner
1 EL Senfkörner
3 Lorbeerblätter
200 ml Essig
200 g Zucker

Die Matjesfilets in 2 cm breite Stücke schneiden. Möhren schaben und fein würfeln, Zwiebeln fein hacken. Den Meerrettich schälen und sehr fein hacken. Pfeffer- und Pimentkörner im Mörser zerstoßen. Alle Gewürze und das Gemüse mit Essig, 200 ml Wasser und Zucker aufkochen und abkühlen lassen. Noch lauwarm über die Matjesfilets gießen. Drei Tage zugedeckt im Kühlschrank durchziehen lassen.

Gebackener Hecht
Stekt gädda

für 6 Personen

1 ganzer Hecht (etwa 2 kg)
100 g Reis
1 Salatgurke
2 hart gekochte Eier
150 g Butter
2 EL gehackte Zwiebeln
weißer Pfeffer
2 EL fein gehackte Petersilie
1 EL Schnittlauchröllchen
3 EL süße Sahne
6 EL Paniermehl

Den Hecht säubern, ausnehmen und schuppen. Das Rückgrat entfernen, Kopf und Schwanz jedoch nicht abtrennen. Den Reis in reichlich Salzwasser körnig kochen, abgießen und zum Abkühlen zur Seite stellen. Die Gurke schälen, entkernen und in Würfel schneiden. In eine Schüssel geben, mit Salz bestreuen und etwa 5 Minuten entwässern. Das Wasser abgießen und die Gurkenwürfel mit Küchenpapier trockentupfen. Die Eier grob hacken.
Butter zerlassen, Gurkenwürfel und Zwiebel weich dünsten. In einer Schüssel Gurke, Zwiebeln, Eier und Reis vermengen, kräftig mit weißem Pfeffer und Salz abschmecken, Kräuter und Sahne zufügen. Den Backofen auf 180° C vorheizen.
Den Fisch waschen, trockentupfen und mit der Reismasse füllen. Mit Zahnstochern und Küchengarn gut verschließen. In einer großen Auflaufform die restliche Butter zerlassen und den Hecht von beiden Seiten goldbraun braten. Beidseitig mit Paniermehl bestreuen, etwas heißes Wasser angießen. Im Ofen etwa 30 Minuten backen.
Den Hecht in der Form servieren.

Dazu passen Salzkartoffeln und Gurkensalat.

»Janssons Versuchung«
»Janssons frestelse«

Angeblich verdankt das Gericht seinen Namen einem schwedischen Film gleichen Titels, der 1929 seine Premiere hatte. Eine Wirtin und eine Köchin waren von diesem Film so angetan, dass sie das Lieblingsgericht ihrer Stammgäste, welches bisher als »Kartoffel-Anchovis-Gratin« auf der Speisekarte aufgeführt war, in »Jansons Versuchung« umtauften. Die Umbenennung hat das Gericht so beliebt gemacht, dass es heute zu den schwedischen Nationalgerichten zählt.

800 g Kartoffeln
2 große Zwiebeln
4 EL Butter
28-30 Anchovisfilets
200 g süße Sahne
2 EL Paniermehl
1 EL gehackte Petersilie

Den Backofen auf 200° C vorheizen. Die Kartoffeln schälen, in dünne Scheiben und diese in dünne Streifen schneiden – oder mit dem Gemüsehobel hobeln. Die Zwiebeln in dünne Ringe schneiden und in 2 EL Butter glasig dünsten.
Eine feuerfeste Form mit Butter einfetten. Die Hälfte der Kartoffeln hineingeben, mit etwas Pfeffer und Salz würzen. Die Zwiebelringe darauf verteilen und mit Anchovis belegen. Mit den restlichen Kartoffeln abschließen, erneut mit Pfeffer und Salz würzen. Mit Sahne übergießen, mit Paniermehl bestreuen und Butterflöckchen darauf setzen. Im Ofen auf mittlerer Schiene etwa 50 Minuten backen, bis das Paniermehl eine braune Kruste bildet und die Kartoffeln weich sind.
Vor dem Servieren mit Petersilie bestreuen.

Gekochter Aal
Kokt ål

2 Stunden marinieren

1 Aal (etwa 1 kg)
1 Zwiebel
1 Möhre
4-5 EL Essig
Lorbeerblatt

Den Aal häuten und säubern. Mit heißem Wasser abbrühen und unter kaltem Wasser abspülen, bis das Wasser klar bleibt. Den Aal in 4 bis 5 cm dicke Stücke schneiden und in einer Kasserolle mit Wasser bedecken. Die Zwiebel vierteln oder achteln, die Möhre schaben und in Scheiben schneiden. Beides mit Essig, Lorbeerblatt, Pfeffer und Salz zum Aal geben. Den Aal zwei Stunden marinieren.
Die Kasserolle mit allen Zutaten aufkochen. Sobald der Aal kocht, die Kasserolle vom Herd nehmen.
Vor dem Servieren mindestens 30 Minuten stehen lassen.

Mit gekochten Kartoffeln und Senfsauce servieren. Am besten lassen Sie sich den Aal schon im Fischgeschäft vorbereiten.

Fischbällchen mit Senfsauce
Fiskbullar med senapsås

3 EL mittelscharfer Senf
2 EL süßer Senf
6 EL Rapsöl
Zitronensaft
2-3 EL Honig
1 1/2 Bund Dill
1 Brötchen vom Vortag
500 g Fischfilet (Kabeljau, Rotbarsch)
1 Zwiebel
1/2 Bund Petersilie
2 Eier
1 EL Zitronensaft
60 g Paniermehl
Butterschmalz zum Braten

Senf, Öl und Zitronensaft verrühren, mit Pfeffer, Salz und Honig würzen. Den Dill fein hacken, die Hälfte unterrühren. Zugedeckt kühl stellen.
Das Brötchen in Wasser einweichen. Den Fisch waschen, trockentupfen und durch den Fleischwolf drehen. Die Zwiebel fein würfeln, die Petersilie fein hacken. Das Brötchen ausdrücken, mit Fisch, Zwiebel, Kräutern und Eiern mischen. Mit Zitronensaft, Pfeffer und Salz würzen. Aus der Masse etwa 20 Bällchen formen und in Paniermehl wenden. In Schmalz etwa 5 Minuten rundum braten.
Die Fischbällchen mit der Senfsauce servieren.

Krabben-Muschel-Terrine
Terrin med räko och musslor

Den Fisch waschen, trockentupfen und mit einem Pürierstab zerkleinern. Petersilie, Eier, Crème fraîche, Muschelsaft, Muskat, 1 TL Salz, weißen Pfeffer und Garnelen zufügen, kräftig weiter pürieren. Die Muscheln vorsichtig unterheben.
Die Masse in eine feuerfeste Form füllen und im Ofen bei 175° C zugedeckt etwa eine Stunde backen.

Variante
Die Krabben-Muschel-Terrine schmeckt warm oder auch kalt und kann mit einer Kräutersauce gegessen werden.

400 g Fischfilet (Zander, Schellfisch, Dorsch)
2 EL fein gehackte Petersilie
2 Eier
200 g Crème fraîche
50 ml Muschel- und Krabbensaft
1 Messerspitze geriebene Muskatnuss
weißer Pfeffer
200 g gegarte und gepulte Tiefseegarnelen
200 g gegartes Muschelfleisch

Gebackene Scholle mit Champignons
Rödspättagratäng med champinjoner

Den Fisch waschen und trockentupfen. Die Champignons putzen und in Scheiben schneiden. Den Fisch in eine eingefettete tiefe Auflaufform legen und salzen. Die Champignons darauf verteilen. Die Sahne mit der Stärke verrühren und über den Fisch gießen. Die Form in den Ofen stellen und bei 200° C 15 bis 25 Minuten backen, bis die Oberfläche eine goldbraune Farbe annimmt.

Mit Kartoffelpüree und Eisbergsalat servieren.

500-600 g Schollenfilet
200 g Champignons
Butter zum Einfetten
200 g süße Sahne
1 EL Stärke

Fischpastete
Fiskpate

für 4-6 Personen

400 g Lachsfilet
250 g Broccoliröschen
400 g weißes Fischfilet
1 Eiweiß
300 g süße Sahne
1 EL fein gehackter Estragon
Butter zum Einfetten
3 EL fein gehackter Dill
3 EL fein gehackte Petersilie
200 g Crème fraîche
100 g Mayonnaise
2 EL Zitronensaft

Das Lachsfilet waschen, trockentupfen und in 5 mal 5 mm große Würfel schneiden. Den Broccoli in kleinere Röschen zerteilen, die Stiele entfernen. Den Broccoli in leicht gesalzenem Wasser etwa 15 Minuten dünsten.
Das Fischfilet waschen, trockentupfen und mit einem Pürierstab zerkleinern. Nach und nach 1 TL Salz, Eiweiß und Sahne hinzufügen, mit Pfeffer und Estragon würzen. Lachswürfel und Broccoli unter die Masse heben. Eine längliche feuerfeste Form einfetten, die Masse hineinfüllen, die Oberfläche glatt streichen. Die Form mit Aluminiumfolie bedecken und die Pastete im Ofen bei 175° C etwa eine Stunde backen.
Abkühlen lassen, aus der Form stürzen und in Scheiben schneiden. Für die Sauce Dill, Petersilie, Crème fraîche und Mayonnaise miteinander verrühren. Mit Pfeffer, Salz und etwas Zitronensaft abschmecken.

Dazu reicht man Brot und grünen Blattsalat.

▲ Aufgrund der Seen, Flüsse und etlicher Küstenkilometer ist Fisch in Schweden auf jeder Tafel zu finden.

Der Stockfisch: ►
Nach dem Ausnehmen wird der Fisch ungesalzen an der Luft getrocknet.

Verschiedenste Kuchen ►
dürfen auf keiner
schwedischen
Kaffeetafel fehlen.

▲ Am zweiten Sonntag im August startet in Schweden die Krebsfangsaison.

Gebeizter Lachs
Gravad lax

2 Tage vorher beginnen

1 frische Lachsseite mit Haut (etwa 750 g)
50 g Zucker
5 Bund Dill
Pfefferkörner
Wacholderbeeren
Senfkörner
Piment

Den Lachs mit Hilfe einer Pinzette entgräten und mit der Hautseite nach unten auf Klarsichtfolie legen. 100 g Salz und Zucker mischen, auf den Lachs streuen und einreiben. Den Dill sehr fein hacken und auf dem Lachs verteilen. Die restlichen Gewürze eventuell im Mörser zerstoßen und darüber geben. Den Lachs in Klarsichtfolie einschlagen und mit der Hautseite nach oben auf eine Platte legen. Mit einem mit Wasser gefüllten Topf oder Backsteinen beschweren. In den Kühlschrank stellen, mindestens 48 Stunden durchziehen lassen.
Nach zwei Tagen den Lachs mit einem schmalen, langen Messer in sehr dünne Scheiben schneiden. Mit oder ohne Dillschicht servieren.

Dazu reicht man eine pikante Sauce auf Basis von Mayonnaise oder Crème fraîche, die Sie mit Senf, Zucker und Kräutern abschmecken können.
Mit Kartoffelpuffern und Crème fraîche ist gebeizter Lachs ein beliebtes Zwischengericht.

Lachs mit Dill und Zitrone

Lax med dill och citron

2 Bund Dill
1 ungespritzte Zitrone (abgeriebene Schale)
100 g Paniermehl
4 Lachsfilets (je 125 g)
8 kleine Rote-Bete-Knollen
300 ml Fischfond
100 g Anchovisfilets
20 g braune Senfkörner
2 EL Stärke
150 g Butter

Den Dill fein hacken, mit Zitronenschale und Paniermehl vermischen. Den Lachs unter kaltem Wasser abspülen und trockentupfen. Die Oberseite mit der Mischung panieren. Rote Bete in leicht gesalzenem Wasser weich kochen und zur Seite legen. Den Fischfond aufkochen. Die Anchovis fein hacken und mit Senfkörnern zum Fischfond geben. Alles kochen, bis die Senfkörner weich sind. Die Sauce mit Stärke binden, 100 g Butter unter Rühren zugeben, mit Pfeffer und Salz abschmecken.
Die Roten Bete schälen und achteln. Pfeffern, salzen und in Butter anbraten. Den Lachs ebenfalls langsam in Butter braten, dabei mit der panierten Seite beginnen. Mit Pfeffer und Salz würzen. Den Fisch wenden und fertig braten.
Die Roten Bete auf einen Teller legen und mit dem Fisch bedecken. Die Sauce um das Gericht herum anrichten.

Dazu frisch gekochte Kartoffeln reichen.

Lachsauflauf
Laxpudding

Die Kartoffeln schälen und in Scheiben schneiden. Die Möhren schaben und in feine Scheiben schneiden, den Porree putzen und in feine Ringe schneiden. Den Lachs waschen, trockentupfen und leicht salzen. In der Mitte teilen und abwechselnd mit Kartoffeln, Möhren und Porree in einen feuerfesten Topf geben. Mit Öl beträufeln, mit Dill, Pfeffer und Salz würzen. Im Ofen bei 175° C zugedeckt 30 bis 40 Minuten backen. Wenn die Kartoffeln weich sind, den Wein darüber gießen und alles weitere 5 Minuten backen. Die saure Sahne mit Meerrettich mischen und dazu reichen.

400 g Kartoffeln
200 g Möhren
1 Stange Porree
4 Lachsfilets (je 125 g)
2 EL Öl
1 Bund Dill
100 ml Weißwein
200 g saure Sahne
1 EL geriebener Meerrettich

Gratinierter Lachs mit Anchovisbutter
Ugnstekt lax med ansjovissmör

Die Zwiebeln fein hacken, mit dem Wein aufkochen und die gesamte Flüssigkeit einkochen. Abkühlen lassen.
Die Anchovis fein hacken und mit der Zwiebelmischung in die Butter einrühren. Mit Pfeffer und Salz abschmecken.
Den Backofen auf 200° C vorheizen. Eine eingefettete feuerfeste Form mit den Lachsscheiben auslegen. Senf und Eigelb vermischen, darauf verteilen. Mit Paniermehl bestreuen und im Ofen 5 bis 10 Minuten gratinieren.
Die Anchovisbutter zum Lachs servieren.

2 rote Zwiebeln
1/4 l Rotwein
50 g Anchovisfilets
100 g Butter
400 g Graved Lachs
2 EL Senf
1 Eigelb
30 g Paniermehl

Kalter, gekochter Lachs mit Kaviarsauce
Kall, kokt lax med romsås

am Vortag beginnen

1 Möhre
1 Zwiebel
1 Bund Dill
2 EL Salz
5 Pimentkörner
3 weiße Pfefferkörner
1 Lorbeerblatt
100 ml Weißweinessig
4 Lachsfilets (je 125 g)
200 g Crème fraîche
50 g roter Kaviar
2 TL Senf
1 Zitrone

Für den Fond die Möhre schaben und in Stücke schneiden. Die Zwiebel achteln, den Dill fein hacken. Möhre, Zwiebel und die Hälfte des Dills mit den Gewürzen in einen Topf geben. 1 1/2 l Wasser und Essig zugießen und alles etwa 15 Minuten kochen.
Den Lachs waschen, trockentupfen und in einem zweiten Topf mit dem durchgeseihten Fond bedecken. Alles aufkochen und bei schwacher Hitze etwa 5 Minuten köcheln. Abkühlen lassen und über Nacht in den Kühlschrank stellen.
Am nächsten Tag für den Dip Crème fraîche, Kaviar, restlichen Dill und Senf verrühren, mit Pfeffer und Salz abschmecken. Den Lachs aus dem Sud nehmen, mit Zitronenscheiben und Dill garnieren. Die Kaviarsauce dazu reichen.

Dazu passen Salzkartoffeln.
Am besten schmeckt die Sauce, wenn sie bereits am Vortag zubereitet wird.

Gefüllte Lachsforelle
Fylld laxforell

2 küchenfertige Lachsforellen (je 800 g)
1 Zitrone (Saft)
1 Bund Estragon
150 g halbfester Schnittkäse (Herrgårdost)
2 Scheiben Weißbrot
2 EL gehackte Mandeln
200 g Crème fraîche
2 TL mittelscharfer Senf
30 g Butter
200 ml trockener Weißwein
2 Frühlingszwiebeln
2 EL Stärke

Die Lachsforellen gründlich unter kaltem Wasser innen und außen waschen, trockentupfen. Mit Zitronensaft beträufeln, mit Pfeffer und Salz von innen und außen einreiben. Den Estragon fein hacken, eine kleine Menge zur Seite stellen. Den Käse entrinden und grob reiben. Das Weißbrot entrinden und in feine Würfel schneiden. In einer Schüssel Estragon, Käse, Brotwürfel, Mandeln, 3 EL Crème fraîche und Senf miteinander vermengen. Die Lachsforellen mit der Mischung füllen und mit Küchengarn verschließen.
Den Backofen auf 180° C vorheizen. Eine Pfanne mit etwas Butter einfetten und die Forellen hineinlegen. Die restliche Butter auf die obere Seite der Forellen streichen. Wein angießen und das Ganze auf unterer Schiene etwa 35 Minuten garen. Währenddessen die Frühlingszwiebeln putzen und in feine Ringe schneiden.
Wenn die Forellen gar sind, den Weinsud abgießen. Mit Wasser auf 1/4 l auffüllen und erwärmen. Die restliche Crème fraîche mit der Stärke verrühren und damit die Sauce binden. Zwiebelringe und restlichen Estragon untermengen, mit Pfeffer und Salz abschmecken.
Das Küchengarn mit einer Schere lösen. Die Lachsforellen auf eine Servierplatte legen. Am Tisch enthäuten und jedem eine Filethälfte servieren. Mit Sauce überziehen.

Dazu passen Salzkartoffeln und ein süß angemachter Kopfsalat.

Fisch im Mantel
Fisk i kapprock

600 g Fischfilet (Dorsch oder Scholle)
2 EL Zitronensaft
4 EL fein gehackter Dill oder Kräutermischung
4 TL Butter

Den Fisch gründlich unter kaltem Wasser abspülen, trockentupfen und in vier Stücke teilen. Mit Zitronensaft beträufeln, mit Pfeffer und Salz einreiben. Jedes Filet auf ein genügend großes Stück Aluminiumfolie legen und mit Dill bestreuen. Ein Butterflöckchen darauf setzen und die Folie verschließen.
Den Backofen auf 200° C vorheizen und den Fisch 20 bis 30 Minuten backen.
Die Päckchen auf eine Platte legen und erst am Tisch öffnen.

Flusskrebse
Kräftor

1 Möhre
50 g Knollensellerie
1 Schalotte
1/2 Bund Dill
48 lebende Flusskrebse (je 60 g)

Die Möhre schaben und mit dem Sellerie in Scheiben, die Schalotte in Ringe schneiden. Mit dem Dill und 3 EL Salz in 3 l Wasser in einem großen Topf aufkochen.
Die Krebse nacheinander kopfüber in den kochenden Sud geben, erneut aufkochen und die Krebse bei ausgeschalteter Herdplatte zugedeckt 6 bis 8 Minuten ziehen lassen. Herausnehmen, abtropfen und kurz abkühlen lassen.
Zum Zerteilen bei jedem Krebs die mittlere Schwanzflosse greifen und vorsichtig mit dem anhängenden Darm nach hinten abziehen. Dann den Krebs an Körper und Kopf fassen und den Kopf durch leichtes Drehen abtrennen. Den Schwanz auf der Bauchseite mit den Fingern ausbrechen. Das Schwanzfleisch im Ganzen herauslösen. Die Scheren mit einer drehenden Bewegung vom Kopfteil abtrennen, für die Garnitur oder einen Fond verwenden oder wegwerfen. Den Schild mit der linken Hand fassen. Das gesamte Unterteil mit Kiemen und Innereien mit dem Zeigefinger abheben und wegwerfen.

Fleisch und Geflügel
Kött och Fjäderfä

Fleischbällchen sind nicht nur das Lieblingsgericht der meisten schwedischen Kinder, sondern auch weit über die Landesgrenzen hinaus bekannt. Neben Rind, Schwein und Geflügel ist das Rentier eine typisch schwedische Fleischspezialität. Im Sommer zum Beispiel ziehen die Samen mit ihren Rentieren über die Tundra, im Herbst treiben sie die Tiere zusammen und entscheiden, welches die Schlachtreife hat und zu Braten, Schinken oder Wurst verarbeitet wird.

Poularde mit Pfifferlingfüllung
Kantarellfylld kyckling

Die Pfifferlinge säubern und fein hacken. Den Sellerie putzen und in etwa 1/2 cm dicke Scheiben schneiden, die Schalotten würfeln.
Butter erhitzen, Schalotten, Sellerie und Pfifferlinge unter Rühren etwa 5 Minuten braten. Abkühlen lassen.
Petersilie hacken. Saure Sahne, Eier und Paniermehl verrühren, Gemüse und Petersilie untermischen, mit Piment, Pfeffer und Salz abschmecken. Den Backofen auf 200° C vorheizen.
Die Poularde außen und innen unter kaltem Wasser abspülen und trockentupfen. Mit der Mischung füllen, die Öffnung mit einem Holzspieß verschließen. Die Poularde pfeffern und salzen, in einen Bratbeutel geben. Wein und Zitronensaft einfüllen und den Beutel nach Herstellerangaben verschließen. Auf den kalten Ofenrost legen und die Poularde etwa eine Stunde braten.
Den Bratbeutel oben aufschneiden, damit das Fleisch Farbe annehmen kann, und weitere 20 Minuten braten. Die Poularde aus dem Beutel nehmen und aufschneiden.

400 g Pfifferlinge
2 Stangen Bleichsellerie
2 Schalotten
5 EL Butter
1 Bund Petersilie
200 g saure Sahne
2 Eier
2 EL Paniermehl
1 Prise gemahlener Piment
1 Poularde
200 ml Weißwein
2 EL Zitronensaft

Entenbrust mit Senf-Dill-Kruste
Ankbröst med senap-dill-skorpa

2 Entenbrüste mit Fettschicht (je etwa 300 g)
3 EL Senf
2 EL fein gehackter Dill
1 EL Öl
600 g Rosenkohl
1 kleine Zwiebel
2 EL Butter
1 Prise geriebene Muskatnuss

Die Entenbrüste unter kaltem Wasser abspülen, trockentupfen und, falls nötig, häuten. Die Fettschicht einige Male kreuzweise einschneiden. Senf mit Dill, Pfeffer und Salz vermischen.

In einer beschichteten Pfanne Öl erhitzen und das Fleisch auf der Fettseite 5 Minuten anbraten. Wenden und auf der anderen Seite ebenfalls 5 Minuten anbraten. Herausnehmen, 2 EL Fett abnehmen und zur Seite stellen. Die Entenbrüste beidseitig mit der Senfmischung bestreichen und zurück in die Pfanne geben. Bei mittlerer Hitze zugedeckt weitere 10 Minuten fertig garen – beim Anstechen sollte hellroter Fleischsaft austreten. Die Entenbrüste zugedeckt warm halten.

Den Rosenkohl putzen und die Strünke anschneiden. Die Zwiebel fein hacken. Den Rosenkohl in kochendem Salzwasser 10 bis 15 Minuten bissfest garen, dann in ein Sieb abgießen.

In einem Topf Butter zerlassen und die Zwiebel glasig dünsten. Den Rosenkohl darin schwenken, mit Pfeffer, Salz und Muskat würzen.

Die Entenbrüste in Scheiben schneiden und mit dem Rosenkohl auf Tellern anrichten.

Gänsebraten
Stekt gås

am Vortag beginnen
4 Stunden Zubereitungszeit
für 8 Personen

100 g Backpflaumen
180 ml Portwein
1 küchenfertige Gans (etwa 4 kg)
4-5 Beifußzweige
800 g Äpfel
2 EL Zitronensaft
2 Schalotten
1 TL gemahlener Zimt
1 Messerspitze Kardamompulver
1 Messerspitze gemahlene Gewürznelken
3 EL Honig
4 EL Stärke

Die Pflaumen in 150 ml Portwein über Nacht einweichen. Am nächsten Tag die Gans von innen und außen waschen, mit Küchenpapier gründlich trockentupfen. Die Beifußblättchen von den Stielen zupfen und fein hacken. Die Gans von innen mit Beifuß würzen, von innen und außen pfeffern und salzen. Den Backofen auf 200° C vorheizen. Die Äpfel schälen, vierteln, entkernen und in Scheiben schneiden, mit etwas Zitronensaft beträufeln. Die Schalotten würfeln. Die Pflaumen in feine Würfel schneiden. Alles mit Zimt, Kardamom und Nelken würzen. Die Gans mit der Masse füllen und mit Zahnstochern oder Küchengarn verschließen. Die Haut unterhalb der Flügel und an den Keulen mit einer Nadel einstechen, damit das Fett besser ausbrät. Die Gans mit der Brust nach unten in einen Bräter oder eine Fettpfanne setzen. Etwa 100 ml kochend heißes Wasser zugießen. Im Ofen auf unterer Schiene etwa drei Stunden braten, dabei das Fleisch immer wieder begießen. Wenn der Rücken Farbe angenommen hat, die Gans wenden. Sie ist gar, wenn sich eine Nadel weich in die Keulen einstechen lässt.
Den restlichen Portwein mit Honig verrühren. Den Fond abgießen. Die Gans mit der Portwein-Honig-Marinade bestreichen und weitere 15 Minuten kross braten.
Den Fond entfetten. Die Stärke mit etwas Wasser anrühren, in den kochenden Fond geben und aufkochen. Mit den Gewürzen und nach Belieben mit Portwein abschmecken. Die Gans tranchieren und mit Füllung und Sauce servieren.

Neben Rotkohl und Knödeln sind gebratene Äpfel, Backpflaumenkompott oder auch Rosenkohl typische Beilagen.

Schlossbraten
Slottsstek

800 g Rindbraten (Nuss oder Bug)
1 EL Butterschmalz
2 rote Zwiebeln
3 Anchovisfilets
3 Pimentkörner
1 Lorbeerblatt
200 ml Brühe
2 EL Stärke
1 TL Essig
1 EL Zuckersirup
50 g süße Sahne
1 TL Worcestersauce

Das Fleisch unter kaltem Wasser abspülen und trockentupfen. In einem Bratentopf Schmalz erhitzen und das Fleisch langsam von allen Seiten anbraten. Die Zwiebeln in Ringe schneiden, die Anchovis fein hacken, beides zugeben. Gewürze und Salz beifügen. Die Brühe angießen und den Braten etwa 30 Minuten schmoren.
Das Fleisch herausnehmen und in Aluminiumfolie gewickelt etwa 15 Minuten ruhen lassen.
Den Bratensatz durch ein Sieb geben und 1/4 l abmessen. In einen kleinen Topf füllen. Die Stärke mit etwas Wasser anrühren und damit die Sauce binden. Mit Essig, Sirup, Sahne, Worcestersauce, Pfeffer und Salz abschmecken. Das Fleisch in Scheiben schneiden und eventuell in der Sauce erwärmen.

Roastbeef mit Zwiebeln
Biff med lök

4 Zwiebeln
2 EL Butterschmalz
100 ml Brühe
4 Scheiben ausgelöstes Roastbeef (1 cm dick)

Die Zwiebeln in dünne Ringe schneiden. In einer Pfanne Schmalz erhitzen, bis es nicht mehr schäumt. Die Zwiebelringe hineingeben, umrühren und die Hitze reduzieren. Bei schwacher Hitze glasig dünsten, bis sie goldgelb sind. Brühe zugießen, salzen und warm halten.
Die Roastbeefs etwa 4 Minuten braten, pfeffern und salzen. Auf einer Platte anrichten und die Zwiebeln darüber geben.

Seemannsfleisch
Sjömansbiff

500 g Rindfleisch aus der Keule
10-12 mittelgroße Kartoffeln
3 Zwiebeln
20 g Butterschmalz
Butter zum Einfetten
200 ml Brühe
330 ml schwedisches Bier (1 Flasche)

Das Fleisch unter kaltem Wasser abspülen, trockentupfen und in Scheiben schneiden. Die Kartoffeln schälen und in Scheiben, die Zwiebeln in Ringe schneiden.
In einer beschichteten Pfanne Schmalz erhitzen und das Fleisch von beiden Seiten stark anbraten. Mit etwas Pfeffer und Salz würzen.
Das Fleisch in eine eingefettete Auflaufform legen, Kartoffeln und Zwiebeln darüber schichten, dabei kräftig mit Pfeffer und Salz würzen. Die Brühe in die Pfanne gießen, aufkochen und über die Auflaufzutaten geben. Das Bier angießen. Die Auflaufform mit Aluminiumfolie bedecken und in den Backofen stellen. Bei 200° C etwa eine Stunde garen.
Direkt aus der Form servieren.

Dazu schmeckt Steckrübenrohkost (Seite 49). Hatten die Seeleute noch ein Stück Käse wie zum Beispiel Herrgårdost übrig, wurde der Auflauf damit bestreut und überbacken.

Porterbraten
Porterstek

1 kg ausgelöste Hochrippe
1 Zwiebel
2 EL Butterschmalz
300 ml dunkles Bier (Porter)
50 ml unverdünnter schwarzer Johannisbeersirup
1 TL Thymian
5 Wacholderbeeren
1/2 TL schwarze Pfefferkörner
1 EL gekörnte Brühe
100 g süße Sahne
2 EL Stärke

Das Fleisch unter kaltem Wasser abspülen, trockentupfen und bei Bedarf wickeln. Die Zwiebel fein hacken.
In einem Topf Schmalz erhitzen und das Fleisch anbraten. Die Zwiebel glasig dünsten. Das Bier angießen, Sirup, Thymian, Wacholderbeeren, Pfefferkörner und Brühe zugeben. Bei schwacher Hitze zugedeckt etwa 45 Minuten schmoren.
Den Topf vom Herd nehmen und das Fleisch im Bratensatz 20 Minuten ruhen lassen. Den Bratensatz durch ein Sieb geben. Die Sahne mit der Stärke verrühren. Den Bratensatz erneut aufkochen und mit der Sahne binden.

Rinderrouladen
Oxrulader

600 g dünnes Rouladenfleisch
6 Anchovisfilets
1 kleine Zwiebel
2 EL Butterschmalz
300-400 ml Brühe
100 g süße Sahne
2 EL Stärke

Die Fleischscheiben mit Pfeffer und Salz würzen. Die Anchovis klein hacken, die Zwiebel in Ringe schneiden. Beides auf den Scheiben verteilen, zusammenrollen und mit einem Zahnstocher oder einer Rouladennadel befestigen.
Schmalz erhitzen und die Rouladen bräunen. Mit Brühe ablöschen und bei schwacher Hitze zugedeckt etwa 45 Minuten gar schmoren.
Die Rouladen herausnehmen, die Nadeln entfernen und das Fleisch warm halten.
Den Bratensatz durch ein Sieb geben. Die Sahne mit der Stärke verrühren. Den Bratensatz erneut aufkochen und mit der Sahne binden. Mit Pfeffer und Salz abschmecken.

Rindfleisch in Cidre gekocht
Ciderkokt nötkött

800 g Rindfleisch (Bug)
600 ml Cidre
2 Zitronenscheiben
1 EL getrocknete Minze
2 EL Stärke

Das Fleisch unter kaltem Wasser abspülen und trockentupfen. Den Cidre mit Zitrone, Minze, Pfeffer und Salz aufkochen. Das Fleisch hineingeben – der Cidre sollte das Fleisch bedecken, ansonsten mit Cidre auffüllen. Bei schwacher Hitze zugedeckt etwa anderthalb Stunden kochen.
Den Topf vom Herd nehmen und zugedeckt 20 Minuten stehen lassen. Das Fleisch herausnehmen und den Sud durchseihen. In einem kleinen Topf 400 ml des Suds erhitzen. Die Stärke mit etwas Wasser verrühren und den Sud andicken. Eventuell mit Pfeffer und Salz abschmecken.
Das Fleisch in Scheiben schneiden und mit der Sauce servieren.

Dazu passen gekochte Kartoffeln und Gemüse.

Omas Fleischbällchen
Mormors köttbullar

1 Zwiebel
1 EL Butter
500 g Hackfleisch vom Rind
1 Ei
250 g Paniermehl
350 ml Milch
50 g Butterschmalz

Köttbullar kennt nicht nur jeder Besucher des schwedischen Einrichtungshauses, in über 60 Prozent der schwedischen Haushalte werden sie mindestens alle 14 Tage gegessen.

Die Zwiebel fein hacken und in Butter andünsten. Das Hackfleisch mit Ei und Paniermehl mischen. Milch zugießen, bis die Masse eine geschmeidige Konsistenz hat. Pfeffer, Salz und Zwiebeln untermischen. 3 bis 4 cm große Bällchen formen und nacheinander in Schmalz von allen Seiten braun braten.

Zu Köttbullar schmecken hervorragend neue Kartoffeln, die in der Schale gekocht wurden.

Gekochte Faluner Wurst mit Meerrettichsauce
Kokt falukorv med pepparrotssås

400 g Faluner Wurst
300-400 ml Brühe
3 Zwiebelscheiben
2 Petersilienzweige
2 EL Butter
2 EL Mehl
300 ml Milch
1 EL geriebener Meerrettich

Die Wurst enthäuten und ganz oder in Scheiben geschnitten in einen Topf legen. Brühe zugießen, Zwiebelscheiben und Petersilie beifügen. Die Wurst kochen, bis sie warm ist.
In einem Topf Butter erhitzen und das Mehl anschwitzen, mit Milch ablöschen. Die Sauce ein paar Minuten köcheln.
Mit Meerrettich, Pfeffer und Salz abschmecken.

Mit gekochten Kartoffeln und einem Rohkostsalat servieren.

Kalbsbraten
Kalvstek

Den Kalbsbraten unter kaltem Wasser abspülen und trockentupfen. Mit Öl einpinseln, mit Pfeffer, Salz und Rosmarin einreiben. In einen Bräter legen und im Backofen bei 175° C auf unterer Schiene etwa 75 Minuten braten.
Den Bratensatz mit etwas Wasser lösen. In einem kleinen Topf Schmalz erhitzen und das Mehl anschwitzen, mit 1/4 l Bratensaft ablöschen. Mit Molkenkäse, Sahne, Pfeffer, Salz und Rosmarin abschmecken.

800 g ausgelöster Kalbsbraten
1 TL Sonnenblumenöl
1 TL Rosmarin
1 EL Butterschmalz
2 EL Mehl
50 g geriebener schwedischer Molkenkäse
100 g süße Sahne

Dazu reicht man eingelegte Gurken und Preiselbeermarmelade.

Dillfleisch
Dillkött

Das Fleisch unter kaltem Wasser abspülen, in einen Topf geben und mit Wasser bedecken. Möhre und Porree putzen, in Stücke schneiden und zugeben. Die Pfefferkörner beifügen und alles zum Kochen bringen. Bei schwacher Hitze zugedeckt eine bis anderthalb Stunden köcheln, ab und zu den Schaum abschöpfen.
Für die Sauce den Dill fein hacken. In einem Topf Butter zerlassen und das Mehl anschwitzen, mit 1/2 l Fleischbrühe ablöschen. Die Sauce 1 Minute kochen, damit sie sämig wird. Sahne untermischen und mit Zitronensaft, Dill, Salz und weißem Pfeffer abschmecken.
Das Fleisch vom Knochen lösen und in Scheiben schneiden. Mit Dillsauce servieren.

1 kg Kalbfleisch mit Knochen oder 500 g entbeint
1 Möhre
1 Stange Porree
8 weiße Pfefferkörner
1 Bund Dill
1 EL Butter
2 EL Mehl
1/4 l süße Sahne
1 EL Zitronensaft
weißer Pfeffer

Gefüllte Kalbfleischrouladen
Färsrulader

2 Zwiebeln
50 g Butter
1 gekochte mittelgroße Kartoffel vom Vortag
400 g Hackfleisch vom Kalb
5 EL Paniermehl
50 g süße Sahne
1 Ei
weißer Pfeffer
2 EL fein gehackte Petersilie

Die Zwiebeln fein hacken. In einer beschichteten Pfanne etwas Butter erhitzen und die Zwiebeln glasig dünsten. Die Kartoffel mit einer Gabel zerdrücken, mit den Zwiebeln vermischen, pfeffern und salzen.
Das Hackfleisch mit Paniermehl, Sahne, 50 ml Wasser, Ei, weißem Pfeffer, Salz und Petersilie vermengen, etwa eine Stunde kühl stellen.
Ein Küchenbrett mit Klarsichtfolie auslegen und diese mit einem Wasserfilm benetzen. Die Fleischmasse etwa 1 1/2 cm dick und 10 cm breit ausrollen. In der Mitte einen Streifen Kartoffel-Zwiebel-Masse auftragen. Mit Hilfe der Folie den Fleischteig um die Masse wickeln. Mit Pizzarad oder Messer in acht Stücke schneiden.
In einer beschichteten Pfanne die restliche Butter erhitzen und die Rouladen von allen Seiten anbraten.

Dazu passen Kartoffelbrei oder auch Bechamelkartoffeln.

Kohlrouladen
Kåldolmar

1 Weißkohl (800-1000 g)
1 EL Kümmel
300 g gemischtes Hackfleisch (Rind und Schwein)
150 g gekochter Reis
50 g Paniermehl
2 Eier
100 g saure Sahne
4 EL gehackte Petersilie
6 EL gehackter Liebstöckel
gemahlener Kümmel
12 Speckscheiben (Bacon)
300 ml Rinderbrühe
1 EL Stärke

Den Kohl waschen und den Strunk keilförmig herausschneiden. Zwölf Außenblätter lösen und die dicken Blattrippen heraustrennen, den restlichen Kohl anderweitig verwenden. Reichlich Wasser mit etwas Salz und Kümmel zum Kochen bringen und die Kohlblätter etwa 5 Minuten garen, bis sie gut biegsam sind. Kalt abspülen und trockentupfen.
Hackfleisch mit Reis, Paniermehl, Eiern und saurer Sahne gut mischen. Mit der Hälfte der Petersilie und des Liebstöckels sowie Pfeffer und Salz kräftig würzen. Die Kohlblätter auslegen, mit etwas Pfeffer, Salz und gemahlenem Kümmel würzen. Die Mischung darauf verteilen, die Blätter vorsichtig zusammenrollen und mit Küchengarn umwickeln.
Den Speck in Streifen schneiden und in einem Bräter ohne Fett knusprig anbraten. Die Kohlrouladen zugeben und von allen Seiten braten, bis sie leicht Farbe annehmen. Den Bratensatz mit der Brühe ablöschen, aufkochen und zugedeckt etwa 30 Minuten schmoren.
Die Rouladen herausnehmen und zugedeckt warm stellen. Den Fond durch ein Sieb passieren und etwas einkochen. Die Stärke mit wenig Wasser anrühren und den Fond damit binden. Die Rouladen mit den restlichen Kräutern garnieren und mit der Sauce servieren.

Dazu isst man in Schweden Kartoffelbrei und Preiselbeermarmelade.

Schweinebraten mit Meerrettichsauce
Fläskstek med pepparrot

1 kg Schweinenacken ohne Knochen (vom Metzger bereits als Rollbraten geschnitten)
1 Apfel
1 Zwiebel
6 EL Wildpreiselbeeren (aus dem Glas)
40 g Butterschmalz
2-3 EL Honig
300 g Crème fraîche
200 g Schwedenmilch
3 TL geriebener Meerrettich
Zucker
Zitronensaft

Das Fleisch unter kaltem Wasser abspülen und trockentupfen. Auf die Arbeitsfläche legen, pfeffern und salzen. Den Apfel schälen, vierteln, entkernen und in dünne Scheiben, die Zwiebel in dünne Ringe schneiden. Die Hälfte der Preiselbeeren auf das Fleisch streichen. Apfel und Zwiebel darauf verteilen. Das Fleisch einrollen und mit Küchengarn zusammenbinden. Den Backofen auf 180° C vorheizen.
In einem Bräter Schmalz erhitzen und das Fleisch von allen Seiten anbraten. Im Ofen auf mittlerer Schiene ein bis zwei Stunden braten, dabei ab und zu mit Honig und Bratensatz bepinseln.
Crème fraîche, Schwedenmilch, Meerrettich und restliche Preiselbeeren verrühren. Mit etwas Zucker und einigen Spritzern Zitronensaft abschmecken.
Den Braten aufschneiden und mit der Sauce servieren.

Hoppelpoppel oder Bauernfrühstück
Pytt i panna

5-6 mittelgroße Kartoffeln
2 mittelgroße Zwiebeln
2 EL Butterschmalz
300 g Bratenreste von Schwein, Rind oder Lamm
200 g geräucherter oder gekochter Schinken
4 Eier
4 Eigelb
1 EL fein gehackte Petersilie

Kartoffeln schälen und in Scheiben schneiden, Zwiebeln fein hacken.
In einer beschichteten Pfanne Schmalz erhitzen und die Kartoffeln bei schwacher Hitze 25 Minuten knusprig braten. Nach etwa 20 Minuten die Zwiebeln zugeben und glasig dünsten.
Bratenreste und Schinken würfeln, ebenfalls beifügen und erwärmen bzw. anbraten. Mit Pfeffer und Salz abschmecken.
Die einzelnen Portionen auf warmen Tellern anrichten. In derselben Pfanne Eier braten und die Spiegeleier auf die Portionen geben. Traditionsgemäß wird auf die Mitte eines jeden Gerichtes ein rohes Eigelb gesetzt. Das Ganze mit Petersilie bestreuen.

Variante
Die Tischgäste mischen das rohe Eigelb selbst unter ihr *Pytt i panna.*
Dieses Bauernfrühstück wird auch aus gekochten Kartoffeln oder Fleischwurst zubereitet. Letztlich handelt es sich um ein typisches Resteessen, denn alles, was übrig geblieben ist, wird in der Pfanne erwärmt. *Pytt i panna* wird mit Essiggurken, Roten Beten und Senf gereicht.

Gebratenes Schweinefleisch mit Zwiebelsauce

Stekt fläsk med löksås

4 Scheiben gepökelter Schweinebauch (je 100 g)
2 Zwiebeln
2 EL Butterschmalz
3 EL Mehl
1/2 l Milch

Den Schweinebauch in eine kalte Pfanne legen und erhitzen. Sobald das Fett aus dem Fleisch austritt, bei geringerer Hitze weiterbraten.
Die Zwiebeln fein hacken. In einem Topf Schmalz erhitzen und die Zwiebeln anbraten. Das Mehl anschwitzen, Milch zugießen und unter Rühren aufkochen. Die Sauce etwa 5 Minuten köcheln.
Mit Pfeffer und Salz abschmecken.

Glasierte Schweinerippchen

Glaserad revbensspjäll

1200 g dicke Schweinerippchen (zerteilt)
100 g Johannisbeergelee
4 EL süßer schwedischer Senf

Den Backofen auf 250° C vorheizen. Die Rippchen pfeffern und salzen. Mit der fetten Seite nach oben auf ein tiefes Blech legen. Etwa eine Stunde braten, dabei häufig mit dem ausgeschmolzenen Fett übergießen. Währenddessen das Gelee im Wasserbad erwärmen und den Senf unterrühren.
Die Rippchen aus dem Ofen nehmen, mit der Gelee-Senf-Mischung bepinseln und weitere 5 Minuten grillen.

Mit Backpflaumenkompott und Grünkohl servieren.

Gekochte Schweinshaxe mit Rübenmus
Kokt fläskkägg med rotmos

1 frische oder gepökelte Schweinshaxe
1 Möhre
1/2 Stange Porree
10 schwarze Pfefferkörner
1 Lorbeerblatt
1 Steckrübe (etwa 750 g)
6 Kartoffeln
scharfer Senf

Das Fleisch unter kaltem Wasser abspülen, in einen Topf geben und mit Wasser bedecken. Salzen, aufkochen und den Schaum abschöpfen. Möhre und Porree putzen, in Stücke schneiden und mit den Gewürzen zugeben. Wird frische Schweinshaxe verwendet, 2 TL Salz je l Wasser zufügen. Alles zugedeckt etwa eine Stunde köcheln.
Steckrübe und Kartoffeln schälen, in kleine Stücke schneiden und zugeben. Alles weitere 30 Minuten köcheln, bis Fleisch und Gemüse weich sind.
Das Fleisch herausnehmen und warm stellen. Den Sud durch ein Sieb abgießen und aufbewahren, Lorbeerblätter und Pfefferkörner herausfischen. Steckrübe, Möhre und Kartoffeln pürieren. Mit etwas Sud verdünnen, bis das Mus glatt ist und eine geschmeidige Konsistenz hat. Mit Pfeffer und Salz abschmecken.
Das Fleisch lösen und mit Rübenmus und Senf servieren.

Weihnachtsschinken
Julskinka

für 6-16 Personen

2-6 kg mild gesalzener Schinken mit oder ohne Knochen
1 Ei
3 TL Senf
1 TL Zucker
3 EL Paniermehl

Wie der Name verrät, handelt es sich hierbei um das klassische Weihnachtsgericht der Schweden.

Den Schinken unter kaltem Wasser abspülen, trockentupfen und mit Aluminiumfolie umwickeln. Ein Bratenthermometer einstechen, so dass man die Kerntemperatur des Bratens ablesen kann. Den Schinken auf einen Rost mit darunter geschobenem Blech legen und den Backofen so erhitzen, dass das Thermometer eine Temperatur von 75° C anzeigt. Pro kg Fleisch beträgt die Garzeit 50 bis 70 Minuten.
Den Schinken herausnehmen, die Aluminiumfolie lösen. Den Ofen auf 200° C erhitzen. Aus Ei, Senf und Zucker eine Paste herstellen. Den Schinken damit bestreichen und mit Paniermehl bestreuen. Weitere 15 Minuten in den Ofen geben, bis sich eine braune Kruste bildet.

Rentierburger
Renburgar

400 g Hackfleisch vom Rentier
1 Ei
20 g Butterschmalz
4 Hamburger-Brötchen
4 Salatblätter
2 Tomaten
2 Gewürzgurken
2 TL Senf

Das Hackfleisch mit Ei, 4 EL Wasser, 1 TL Salz und Pfeffer mischen und vier flache Frikadellen formen.
In einer beschichteten Pfanne Schmalz erhitzen, die Frikadellen mit einem Pfannenmesser flach hineindrücken und von beiden Seiten braun braten. Die Brötchen durchschneiden und toasten. Die untere Hälfte mit Salatblättern belegen. Die Tomaten in dünne Scheiben, die Gurken in Streifen schneiden. Die Frikadellen auf die Salatblätter legen, mit Tomatenscheiben und Gurkenstreifen belegen. Die obere Hälfte der Brötchen mit Senf bestreichen und auf den Rentierburger setzen.

Variante
Je nach Geschmack mit Ketchup oder Remoulade bestreichen.
In Schweden ist es durchaus üblich, die Frikadelle statt mit Tomaten, Gurken und Senf mit Preiselbeeren oder Preiselbeermus zu bestreichen.

Rentierrücken mit Wacholderbeersauce
Rensadel med enbärssås

für 4-6 Personen

1 1/2 kg Rentierrücken
200 g Speck, in dünne Scheiben geschnitten
50 g Butter
1/4 l Brühe
150 g süße Sahne
3 EL Stärke
10-12 zerstoßene Wacholderbeeren
2-4 EL Wacholderschnaps

Das Fleisch von äußeren Häuten und der kräftigen Rückensehne befreien, unter kaltem Wasser abspülen und trockentupfen. Mit Pfeffer und Salz einreiben und in einen Bräter geben. Mit den Speckscheiben belegen. Ein Bratenthermometer einstechen und das Fleisch im Backofen bei 160° C braten. Währenddessen Butter zerlassen und den Rentierrücken mehrmals einpinseln. Das Fleisch herausnehmen, wenn das Thermometer die gewünschte Gradzahl anzeigt: Bei 59° C ist das Fleisch rot, bei 61 bis 63° C rosa und bei 70 bis 72° C leicht rosa. Die Bratzeit beträgt etwa anderthalb Stunden.
Das Fleisch warm stellen. Den Bräter auf den Herd stellen, Brühe hineingießen und aufkochen. Den Sud durch ein Sieb in eine Kasserolle geben. Die Sahne mit der Stärke verrühren und zugießen. Einmal aufkochen, damit die Sauce sämig wird. Mit Wacholderbeeren, Pfeffer und Salz sowie etwas Wacholderschnaps abschmecken.

Wild
Vilt

Während Auerhahn und Birkhuhn doch meist dem Jäger vorbehalten bleiben, kann man in Schweden neben Elchbraten und Bärenschinken auch Hasen und Kaninchen sowie Wildente und Fasan genießen.

Wirsingrouladen mit Pilz-Wild-Füllung
Savoykåldolmar med svamp-vilt-fyllning

500 g Wirsing
1/4 l Gemüsebrühe
500 g Wildfilet
1 TL getrocknete Kräuter (Thymian, Rosmarin)
2 EL Butterschmalz
20 ml Weinbrand
1 Zwiebel
3 EL Butter
1 Orange
2 Möhren
100 g Waldpilze
50 ml Weißwein
1/4 l Wildbrühe
2 EL Zucker
1 Schuss Obstessig
125 ml Rotwein
100 g gemischte Waldbeeren
100 g Sauerkirschen
2 EL Stärke
1 Prise gemahlener Zimt

Den Wirsing putzen, die Blätter in der erhitzten Gemüsebrühe blanchieren. Herausnehmen, gut abtropfen lassen und je zwei Blätter übereinander legen.
Das Wildfilet in Streifen schneiden, mit Pfeffer, Salz und Kräutern würzen. In einer Pfanne Schmalz erhitzen und das Filet unter ständigem Rühren braten. Mit Weinbrand flambieren, herausnehmen und zur Seite stellen.
Die Zwiebel fein hacken und mit 2 EL Butter im verbliebenen Bratfett glasig dünsten. Die Orange filetieren. Möhren schaben, Pilze säubern, beides klein schneiden. Mit den Orangenfilets zu den Zwiebeln geben und kurz anschwitzen. Mit Weißwein ablöschen und 5 Minuten dünsten, dann das Filet unterheben, nochmals abschmecken und die Masse gleichmäßig auf den Kohlblättern verteilen. Mit Hilfe eines sauberen Küchentuchs das Ganze zu Rouladen abdrehen und in eine Form setzen. Wildbrühe angießen und im Backofen bei 180 bis 200° C 10 bis 15 Minuten schmoren.
Für die Fruchtsauce in einer Pfanne die restliche Butter erhitzen und den Zucker karamellisieren lassen. Mit Essig und Rotwein ablöschen und kochen, bis sich der Zucker löst. Waldbeeren und Sauerkirschen zugeben. Die Sauce einmal aufkochen, mit der in Wasser aufgelösten Stärke binden. Mit Zimt abschmecken.
Die Rouladen mit der Fruchtsauce servieren.

Variante
Dazu passt Kartoffel-Möhren-Püree. Außer Wildvögeln eignet sich für die Füllung alles Wild: Elch, Wildschwein oder auch Damwild sowie Hase oder Kaninchen.

Kohlrouladen mit Hackfleisch vom Wild
Kåldolmar med viltköttfärs

1 Weißkohl
2 in Milch eingeweichte Brötchen
400 g Hackfleisch vom Wild
400 g Hackfleisch vom Schwein
4 Zwiebeln
2 Eier
4 EL gehackte Petersilie
Paniermehl
2 EL Butter
1/4-3/8 l Fleischbrühe
50 g durchwachsener, geräucherter Speck

Den Kohl waschen und den Strunk keilförmig herausschneiden. Acht Außenblätter lösen und die dicken Blattrippen heraustrennen, den restlichen Kohl anderweitig verwenden. Die Blätter in Salzwasser bissfest garen, herausnehmen und abtropfen lassen. Die eingeweichten Brötchen gut ausdrücken. Aus Hackfleisch, Brötchen, einer fein gehackten Zwiebel, Eiern, Petersilie, etwas Pfeffer und Salz einen Teig kneten, eventuell mit Paniermehl binden. Die Kohlblätter auf eine Arbeitsfläche legen und die Hackfleischmasse gleichmäßig darauf verteilen. Die Ränder einschlagen, die Blätter aufrollen und mit Küchengarn zusammenbinden.
Butter erhitzen und die Rouladen anbraten. Mit Brühe ablöschen und etwa 40 Minuten garen. Währenddessen den Speck würfeln und in einer beschichteten Pfanne auslassen. Die restlichen Zwiebeln fein hacken, zum Speck geben und braten.
Nach dem Ende der Garzeit die Kohlrouladen herausnehmen und mit den Speckzwiebeln anrichten.

Dazu passen am besten Kartoffelbrei und Porree.

Wild-Gemüse-Eintopf
Vilt-grönsaks-gryta

Das Wildgulasch unter kaltem Wasser abspülen und trockentupfen. In einem Bräter Schmalz erhitzen und das Fleisch von allen Seiten anbraten. Mit Wein ablöschen, Brühe angießen, Lorbeerblatt, Rosmarin, Thymian, Nelken, Pfefferkörner und Wacholderbeeren zugeben und alles zugedeckt etwa eine Stunde köcheln.
Den Speck in Streifen schneiden und in einer Pfanne ohne Fett auslassen. Herausnehmen und zur Seite stellen.
Gemüse und Kartoffeln putzen und in mundgerechte Stücke schneiden. Zum Fleisch geben und weitere 20 Minuten garen, mit Pfeffer, Salz und Muskat kräftig abschmecken.
Die Stärke mit etwas Wasser anrühren und den Wildtopf damit binden. Den Speck unterheben und mit Sahne verfeinern.

800 g Wildgulasch
3 EL Butterschmalz
125 ml trockener Weißwein
3/4 l Gemüsebrühe
1 Lorbeerblatt
1 Rosmarinzweig
1 Thymianzweig
einige Gewürznelken
einige Pfefferkörner
2-3 Wacholderbeeren
200 g durchwachsener, geräucherter Speck
400 g frische grüne Bohnen
4 Möhren
400 g Kartoffeln
1 Prise geriebene Muskatnuss
2 EL Stärke
50 ml süße Sahne

Fasan mit Speckkraut und Kräuterpüree
Fasan med fläskkål och kryddad potatismos

4 Stunden marinieren

je 4 küchenfertige Fasanenbrüstchen und -keulen
einige Wacholderbeeren
einige Pimentkörner
4 EL Öl
100 g durchwachsener, geräucherter Speck
1 Zwiebel
500 g Weißkohl
200 ml Gemüsebrühe
1 Prise Zucker
1 Prise Kümmel
800 g Kartoffeln
200 ml Milch
1 Prise geriebene Muskatnuss
1/2 Bund Dill
1/2 Bund Schnittlauch
1/2 Bund Pimpinelle

Fasanenbrüstchen und -keulen waschen, trockentupfen, mit Pfeffer und Salz würzen, in eine Schüssel legen. Wacholderbeeren und Piment im Mörser zerstoßen und mit Öl vermischen. Das Fleisch damit einstreichen und im Kühlschrank zugedeckt etwa vier Stunden marinieren.
Die Fasanenteile in einer Pfanne braten, herausnehmen und warm stellen. Den Speck in Würfel schneiden und in einer hohen Pfanne ohne Fett auslassen. Die Zwiebel hacken, zugeben und glasig schwitzen. Den Kohl putzen, halbieren, den Strunk herausschneiden und die Blätter fein hobeln. Zur Speck-Zwiebel-Mischung geben und mitdünsten. Mit Brühe ablöschen, mit Pfeffer, Salz, Zucker und Kümmel würzen, etwa 30 Minuten bissfest garen.
Kartoffeln gründlich waschen und in Salzwasser bissfest garen. Noch heiß pellen und durch die Kartoffelpresse geben. Mit so viel Milch verrühren, dass ein festes Püree entsteht. Mit Pfeffer, Salz und Muskat abschmecken. Die Kräuter fein hacken und unterziehen.
Den Kohl mit dem Kräuterpüree anrichten, Fasanenbrüstchen und -keulen darauf legen.

Preiselbeeren ►
(Lignonbeeren)
lassen sich in
Schwedens
Wäldern am
einfachsten
finden.

▲ Ob im Kartoffelsalat (S. 49) oder als Poulardenfüllung (S. 89), Pfifferlinge sind in Schweden sehr beliebt.

▲ In der Markthalle (Saluhall) in Stockholm

Wildentenbrust auf Pflaumensauce

Viltanka med plommonsås

2-3 Stunden marinieren

4 küchenfertige Entenbrustfilets
1 EL getrockneter Thymian
1 EL Wacholderbeeren
1 EL Pfefferkörner
4 EL Olivenöl
4 EL Pflaumenmus
4 EL Obstessig
1 EL Butterschmalz
1 Zwiebel
1 EL Butter
100 g Pflaumen
1/4 l gebundene Wildsauce
200 g süße Sahne

Die Entenbrustfilets unter kaltem Wasser abspülen, trockentupfen, mit Thymian würzen. Wacholderbeeren und Pfefferkörner im Mörser zerstoßen und mit Öl vermischen. Die Filets damit einstreichen und im Kühlschrank zwei bis drei Stunden marinieren.

Das Pflaumenmus mit dem Essig glatt rühren. In einer Pfanne Schmalz erhitzen und die Filets scharf anbraten. Den Backofen auf 180 bis 200° C vorheizen.

Die Filets aus der Pfanne nehmen und in eine feuerfeste Form geben. Mit der Hälfte des Pflaumenmuses bestreichen und kurz überbacken. Aus dem Ofen nehmen und warm stellen.

Für die Sauce die Zwiebel fein hacken. In einer Pfanne Butter zerlassen und die Zwiebel glasig dünsten. Die Pflaumen halbieren, entsteinen und in Streifen schneiden, zugeben und andünsten. Die Wildsauce angießen, Sahne unterrühren, den Rest des Pflaumenmuses unterrühren und das Ganze etwas einkochen. Mit Pfeffer und Salz abschmecken.

Die Entenbrust mit der Sauce servieren.

Dazu passen Salzkartoffeln oder auch breite Bandnudeln.

Wildschweinrouladen mit Kräuterfüllung
Viltsvinrulader med kryddfyllning

4 Wildschweinrouladen (je 200 g)
2 EL mittelscharfer Senf
4 Scheiben durchwachsener Speck
2 in Milch eingeweichte Brötchen
1 kleine Zwiebel
1 Ei
1 Bund Dill
1 Bund Schnittlauch
1 Prise geriebene Muskatnuss
2 EL Preiselbeermarmelade
2 EL Butterschmalz
1 Zwiebel
1 Stange Porree
2 Möhren
100 g Sellerie
2 EL Tomatenmark
1 Lorbeerblatt
1 Rosmarinzweig
1 Thymianzweig
1/4 l Rotwein
1/4 l Gemüsebrühe
150 ml Johannisbeersaft
3 EL Stärke
150 g Johannisbeerkompott

Die Rouladen dünn klopfen, mit Pfeffer und Salz würzen, mit Senf bestreichen. Je eine Scheibe Speck darauf legen. Die eingeweichten Brötchen gut ausdrücken. Die Zwiebel fein hacken, mit Ei vermischen und unter die Brötchenmasse rühren. Dill und Schnittlauch fein hacken, mit Pfeffer, Salz, Muskat und Preiselbeermarmelade zur Brötchenmasse geben. Die Füllung gleichmäßig auf die Rouladen verteilen und zusammenrollen. Mit Rouladennadeln feststecken.
In einem feuerfesten Topf Schmalz erhitzen und die Rouladen gut anbraten. Die Zwiebel fein hacken. Das Gemüse putzen und in Würfel schneiden. Alles zu den Rouladen geben und kurz mitbraten. Tomatenmark unterrühren, Lorbeerblatt und Kräuterzweige beifügen, alles mit Wein ablöschen. Mit Brühe auffüllen. Den Topf verschließen und im Backofen bei 180 bis 200° C etwa eine Stunde schmoren.
Die Rouladen herausnehmen und warm stellen. Den Fond durch ein Sieb streichen und in einem kleinen Topf etwas reduzieren. Johannisbeersaft mit Stärke verrühren und unter Rühren zugeben, einmal aufkochen. Johannisbeerkompott untermischen und die Sauce nochmals abschmecken.
Die Rouladen mit der Sauce servieren.

Dazu passen Kartoffelbrei und Rotkohl, der ebenfalls mit Johannisbeersaft und -kompott zubereitet wurde.

Wildtopf
Viltgryta

800 g Elchfleisch, vom Knochen gelöst
200 g Möhren
200 g Pastinaken
200 g Waldpilze
3 Zwiebeln
1 TL Wacholderbeeren
2 EL Butterschmalz
400 ml Wildfond oder Fleischbrühe
2 EL Mehl
100 g süße Sahne
1-2 EL schwarzes Johannisbeergelee

Das Fleisch waschen und in 3 cm große Würfel schneiden. Möhren und Pastinaken putzen und würfeln. Pilze säubern und in mundgerechte Stücke schneiden. Die Zwiebeln fein hacken. Wacholderbeeren im Mörser zerstoßen.
In einem schweren Topf das Schmalz zerlassen und das Fleisch von allen Seiten anbraten. Mit 1-2 TL Salz und 1 TL Pfeffer würzen. Die Zwiebeln hinzufügen und glasig dünsten. Mit Wildfond ablöschen, Möhren- und Pastinakenwürfel hinzufügen. Mit Wacholder würzen und alles 15 bis 20 Minuten köcheln. Die Pilze beifügen und alles weitere 10 Minuten kochen.
Das Mehl mit der Sahne verrühren und zugeben, alles 1 Minute kochen. Mit Pfeffer, Salz und Johannisbeergelee abschmecken.

Variante
Dazu wird in Schweden gerne Kartoffelpüree mit Mandeln gereicht.

Pastinaken sind kleine gelbe Rüben, die es früher auch bei uns gab und dank der ökologischen Bewegung wieder von September bis Januar auf Wochenmärkten zu finden sind. Sie schmecken wie eine Kreuzung aus Möhren und Petersilienwurzel und können daher auch jeweils zur Hälfte durch diese beiden ersetzt werden.

Elchbraten
Älgstek

2-4 Tage marinieren
für 4-6 Personen

1 1/2 kg Elchfleisch aus der Keule
1/4 l Weißweinessig
3 Zwiebeln
2 TL Wacholderbeeren
1 EL schwarze Pfefferkörner
1/2 TL Pimentkörner
6 Gewürznelken
3 Lorbeerblätter
Butterschmalz
1 Stange Porree
1 Möhre
1/4 l Brühe
1 Messerspitze Piment
1/4 l Rotwein
125 g süße Sahne
3 EL Stärke

Das Fleisch unter kaltem Wasser abspülen, trockentupfen, von Sehnen befreien und in eine Schüssel legen. Den Essig mit 1 l Wasser mischen und in einen Topf gießen. Zwei Zwiebeln vierteln und mit Wacholderbeeren, Pfeffer- und Pimentkörnern, vier Nelken und zwei Lorbeerblättern in den Topf geben. Einmal aufkochen, dann erkalten lassen. Das Fleisch mit dem Sud bedecken und zugedeckt zwei bis vier Tage marinieren.
Dann den Elchbraten aus der Marinade nehmen, trockentupfen, mit Pfeffer und Salz einreiben. In einem Bräter Schmalz erhitzen und die Keule von allen Seiten braun braten. Porree und Möhre putzen, mit der restlichen Zwiebel klein schneiden. Beim Braten der letzten Fleischseite zugeben.
Wenn das Fleisch braun ist, Brühe angießen. Piment, restliche Nelken und Lorbeerblatt hinzufügen, alles bei schwacher Hitze zugedeckt etwa anderthalb Stunden garen. Falls die Brühe verdunstet ist, diese ergänzen. In den letzten 30 Minuten den Wein angießen.
Das Fleisch herausnehmen und warm stellen. Den Fond durch ein Sieb streichen. Die Sahne mit der Stärke verrühren. Den Sud aufkochen, die Sahne einrühren und erneut aufkochen, bis die Sauce sämig wird.
Mit Pfeffer, Salz und etwas Piment abschmecken.

Variante
Verfeinern Sie die Sauce mit Waldpilzen: Kurz vor Ende der Garzeit schmoren Sie etwa 250 g klein gehackte Waldpilze in etwas Butter an und rühren diese unter die Sauce.

Elchfilet mit Pflaumensauce

Älgfilé med plommonsås

Das Elchfilet waschen und trockentupfen, mit Pfeffer und Salz kräftig würzen. Majoran, Thymian und grob gemahlenen Pfeffer vermischen und das Fleisch damit einreiben.
In einer Pfanne Schmalz erhitzen und das Filet von allen Seiten braten. Herausnehmen, kräftig würzen, mit Käse bestreuen und im Grill überbacken, bis der Käse geschmolzen ist.
Die Zwiebel hacken und im Bratfett glasig schwitzen. Die Pflaumen halbieren, entsteinen und in Streifen schneiden. Zur Zwiebel geben und kurz andünsten. Mit Wein ablöschen, die Wildsauce angießen und alles etwas einkochen. Mit Sahne, Honig, Essig, Zimt, Pfeffer und Salz abschmecken.
Das Elchfilet in Scheiben schneiden und mit der Sauce servieren.

Dazu passen Wirsinggemüse und Salzkartoffeln.

600 g Elchfilet
1 TL Majoran
1 TL Thymian
1 TL grob gemahlener Pfeffer
2 EL Butterschmalz
150 g geriebener Schnittkäse (Greve)
1 Zwiebel
150 g Pflaumen
50 ml Rotwein
3/8 l gebundene Wildsauce
50 ml süße Sahne
1 EL Honig
2 EL Obstessig
1 Prise gemahlener Zimt

Elchgulasch mit Nüssen
Älggryta med nötter

1 kg Elchfleisch
1 EL Majoran
1 TL Thymian
1 Zwiebel
1 Bund Suppengrün
1-2 EL Butterschmalz
2-3 EL Tomatenmark
1/4 l Rotwein
1/2 l Gemüsebrühe
50 g Esskastanien (aus der Dose)
50 g Walnusshälften
100 g süße Sahne
2 EL Stärke

Das Fleisch unter kaltem Wasser abspülen, trockentupfen und in mundgerechte Würfel schneiden. Mit Pfeffer, Salz, Majoran und Thymian kräftig einreiben. Die Zwiebel fein hacken, das Suppengrün putzen und klein schneiden.
In einem Bräter Schmalz erhitzen und das Gulasch von allen Seiten anbraten. Zwiebel und Suppengrün zugeben und mitbraten. Tomatenmark einrühren und kurz rösten. Mit Wein ablöschen und Brühe angießen. Den Backofen auf 180 bis 200° C vorheizen und das Fleisch zugedeckt eine bis anderthalb Stunden schmoren. Währenddessen die Esskastanien abtropfen lassen und mit den Walnüssen grob hacken.
Den Bräter herausnehmen und auf den Herd stellen. Die Sahne mit der Stärke verrühren und untermischen. Walnüsse und Esskastanien unterrühren, einmal aufkochen und das Gulasch abschmecken.

Elchmedaillons mit Senfkruste
Älgmedaljon med senapskorpa

Die Elchmedaillons unter kaltem Wasser abspülen und trockentupfen. In einer Pfanne Schmalz erhitzen und das Fleisch braten. Mit Pfeffer und Salz würzen, zur Seite stellen.
Zwiebel, Dill und Schnittlauch fein hacken. Mit Eigelben und 4 EL Senf verrühren, mit Pfeffer und Salz würzen. Die Masse auf die Medaillons streichen und unter dem Grill überbacken.
Den Bratenfond mit Wein ablöschen, Bratensauce und Sahne angießen, den restlichen Senf einrühren und etwas einkochen. Die Sauce mit Pfeffer und Salz würzen, mit Aquavit abschmecken.
Die Elchmedaillons mit der Senfsauce servieren.

8 Elchmedaillons
2 EL Butterschmalz
1 Zwiebel
1 Bund Dill
1 Bund Schnittlauch
2 Eigelb
6 EL mittelscharfer Senf
100 ml Weißwein
1/4 l gebundene Bratensauce
100 g süße Sahne
2 EL Aquavit

Dazu reicht man Salzkartoffeln und Feldsalat.

Gefüllte Elchkeule auf Hagebuttensauce
Fylld älglår med nyponsås

1 küchenfertige Elchkeule (vom Jäger oder Schlachter so ausgelöst, dass sie füllbar ist)
1 TL Majoran
1 TL Thymian
150 g feines Bratwurstbrät
50 g süße Sahne
1 Ei
1 TL abgeriebene Zitronenschale
1 Prise geriebene Muskatnuss
4 EL gehackte Pimpinelle
4 EL Haselnussblättchen
1 küchenfertiges Schweinenetz
Butterschmalz zum Braten
1 Bund Suppengemüse
2 EL Tomatenmark
1/2 l Rotwein
1/4 l Gemüsebrühe
1 Lorbeerblatt
einige Gewürznelken
Pfefferkörner
150 g süße Sahne
3 EL Stärke
5 EL Hagebuttenmark
50 ml Rotweinessig
2 EL Apfeldicksaft

Die Elchkeule unter kaltem Wasser abspülen und trockentupfen. Mit Pfeffer, Salz, Majoran und Thymian außen und innen einreiben.
Für die Füllung in einer Schüssel das Bratwurstbrät mit Sahne und Ei vermengen. Mit Pfeffer, Salz, Zitronenschale, Muskat und Pimpinelle kräftig abschmecken. Die Haselnussblättchen grob hacken und unterrühren. Die Elchkeule mit der Mischung füllen und in ein Schweinenetz einwickeln.
In einem Bräter Schmalz erhitzen und die Keule von allen Seiten anbraten. Das Suppengemüse putzen und in Würfel schneiden. Mit dem Tomatenmark zugeben und kurz mitbraten. Mit Wein ablöschen, mit Brühe auffüllen. Lorbeerblatt, Nelken und Pfefferkörner zugeben. Im auf 180 bis 200° C vorgeheizten Backofen etwa eine Stunde schmoren. Im geöffneten Bräter weitere 20 Minuten schmoren.
Das Fleisch warm stellen. Den Fond durch ein Sieb streichen. Die Sahne mit der Stärke verrühren und untermischen, einmal aufkochen. Das Hagebuttenmark unterrühren, mit Essig und Apfeldicksaft verfeinern, mit Pfeffer und Salz abschmecken.
Die Elchkeule in Scheiben schneiden und mit der Sauce servieren.

Die Keule lässt sich am einfachsten mit einem Schweinenetz umwickeln. Falls Sie beim Schlachter keines bekommen, können Sie auch Küchengarn verwenden.

Wildleber mit Äpfeln
Viltlever med äpplen

400 g küchenfertige Elchleber
125 g durchwachsener, geräucherter Speck
3-4 Äpfel
1 Zitrone (Saft)
3-4 mittelgroße Zwiebeln
40 g Butter
1 EL Majoran
50 g Mehl

Die Elchleber unter kaltem Wasser abspülen, trockentupfen und in mundgerechte Stücke schneiden. Den Speck in feine Streifen schneiden und in einer beschichteten Pfanne auslassen. Herausnehmen und auf Küchenpapier abtropfen lassen. Die Äpfel schälen, vierteln, entkernen, in Scheiben schneiden und mit Zitronensaft beträufeln. Die Zwiebeln in feine Ringe schneiden.
Die Butter zum Speckfett geben und erhitzen. Die Leberstücke mit Majoran und Pfeffer würzen, in Mehl wälzen und braten. Salzen, herausnehmen und warm stellen. Die Zwiebelringe im Fett goldgelb braten. Herausnehmen und warm stellen. Die Apfelscheiben ebenfalls im Fett braten.
Die Leber mit Zwiebelringen, Apfelscheiben und Speckstreifen garniert anrichten.

Elchpfeffer
Älggryta

einige Stunden marinieren

1 kg Elchfleisch ohne Knochen
3-4 Zwiebeln
1/2 Bund Thymian
1 Rosmarinzweig
100 ml Aquavit
50 ml Öl
1 EL Tomatenmark
1/2 l Rotwein
3 EL Preiselbeerkompott
50 g süße Sahne

Das Fleisch unter kaltem Wasser abspülen, trockentupfen und in mundgerechte Stücke schneiden. Die Zwiebeln fein hacken und mit Thymian, Rosmarin, Aquavit und Öl vermischen. Das Fleisch mit dem Sud bedecken und im Kühlschrank zugedeckt einige Stunden marinieren.

Das Fleisch abtropfen lassen und in einem Topf unter ständigem Rühren anbraten. Tomatenmark unterrühren und kurz anbraten. Mit Wein ablöschen, die Marinade zugießen. Den Elchpfeffer zum Kochen bringen und bei schwacher Hitze zugedeckt anderthalb Stunden köcheln.

Mit Pfeffer und Salz würzen, mit Preiselbeerkompott und Sahne verfeinern.

Topfhase
Hargryta

Den Hasen in Portionsstücke teilen, waschen und trockentupfen, mit Pfeffer und Salz würzen. Den Speck in Streifen schneiden und in einem Topf ohne Fett auslassen. Herausnehmen und zur Seite stellen. Die Fleisch im Bratfett von allen Seiten anbraten. Die Zwiebeln fein hacken, zugeben und glasig dünsten. Die Speckstreifen wieder zugeben, mit Pfeffer, Salz, Thymian und Nelken bestreuen, Lorbeerblatt und Wacholderbeeren beifügen. Das Suppengemüse putzen, klein schneiden, zugeben und andünsten. Wein und Orangensaft über das Fleisch gießen und alles bei schwacher Hitze zugedeckt eine Stunde köcheln.
Die Esskastanien abtropfen lassen, in die Sauce geben und erhitzen. Mit Sahne verfeinern und nochmals abschmecken.

Dazu passen breite Nudeln oder Salzkartoffeln.

1 küchenfertiger Hase
250 g durchwachsener, geräucherter Speck
2 Zwiebeln
1 TL Thymian
1 Prise gemahlene Gewürznelken
1 Lorbeerblatt
einige Wacholderbeeren
1 Bund Suppengemüse
1/2 l Rotwein
1 Orange (Saft)
200 g Esskastanien (aus der Dose)
100 ml süße Sahne

Hasenfilets auf Steinpilzsauce
Harfilé med karljohanssvampsås

4 küchenfertige Hasenrückenfilets
1 TL Wacholderbeeren
2 EL Butterschmalz
75 g durchwachsener, geräucherter Speck
1 Zwiebel
300 g Steinpilze
50 ml Rotwein
1/4 l gebundene Wildsauce
100 g süße Sahne
100 g Crème fraîche
2 EL Quittengelee

Die Hasenrückenfilets waschen und trockentupfen. Die Wacholderbeeren im Mörser zerstoßen und die Filets damit sowie mit Pfeffer einreiben.

In einer Pfanne Schmalz erhitzen und die Filets braten. Salzen, herausnehmen und warm stellen. Den Speck fein würfeln und im Bratfett auslassen. Die Zwiebel fein hacken, zugeben und glasig dünsten. Die Steinpilze putzen, in feine Scheiben schneiden und kurz mitschwitzen. Mit Wein ablöschen, Wildsauce angießen und alles bei starker Hitze einkochen. Sahne, Crème fraîche sowie Quittengelee einrühren und aufkochen.

Die Hasenrückenfilets aufschneiden und mit der Steinpilzsauce servieren.

Dazu passen Salzkartoffeln und eine Rote-Bete-Rohkost.

Gebäck
Bakverk

Neben Knäckebrot findet man im Norden traditionell Fladenbrot und im Süden Brot in Form von Laiben, die dem deutschen sehr ähnlich sind.
Vor allem vor Weihnachten werden Pfefferkuchen und Mandelmuscheln gebacken.
Die Lieblingstorte der Schweden ist die Prinzessinnentorte. Sie ist reich an Marzipan und wird in der Regel grün eingefärbt.

Prinzessinnentorte
Prinsesstårta

für 16 Stücke

Butter zum Einfetten
2 EL Paniermehl
4 Eier
200 g Zucker
50 g Mehl
100 g Kartoffelstärke
2 TL Backpulver
1/4 l Milch
1 Päckchen Vanillepuddingpulver
400 g süße Sahne
400 g Rohmarzipan
180 g Puderzucker
etwas grüne Lebensmittelfarbe

Eine Springform (etwa 22 cm Durchmesser) einfetten und mit Paniermehl ausstreuen.
Die Eier mit 150 g Zucker schaumig schlagen. Mehl, Stärke und Backpulver vermischen und unter den Eischaum rühren. Den Teig in die Form füllen. Im Ofen bei 180° C auf unterer Schiene etwa 40 Minuten backen.
Den Kuchen kurz in der Form abkühlen lassen, dann aus der Form stürzen und auf einem Gitter erkalten lassen. Anschließend in drei Böden teilen, der oberste sollte nur knapp 1 cm dick sein.
Die Milch aufkochen. Das Puddingpulver mit etwas Milch anrühren und unter Rühren zur kochenden Milch geben. Rühren, bis die Creme dick wird. Mit dem restlichen Zucker süßen. Die Sahne steif schlagen und unter die erkaltete Vanillecreme heben. Die Creme auf den Böden verteilen, die Böden übereinander legen und die Torte auch rundherum damit bestreichen. Dabei sollte die Creme in der Mitte jeweils einen kleinen Hügel bilden, so dass die Torte in der Mitte etwas erhöht ist. Kühl stellen.
Das Marzipan mit Puderzucker geschmeidig kneten und mit etwas Lebensmittelfarbe zartgrün einfärben. Die Masse zwischen zwei Folien zu einem runden dünnen Teig ausrollen, der die ganze Torte bedeckt. Die Torte damit ummanteln und bis zum Servieren kalt stellen.

Wer will, kann die Torte noch mit etwas Puderzucker bestäuben.

Sahnetorte mit Beeren
Gräddtårta med bär

für 12 Stücke

Butter zum Einfetten
2 EL Paniermehl
4 Eier
140 g Zucker
60 g Weizenmehl
60 g Kartoffelstärke
1/2 TL Backpulver
400 g süße Sahne
2 Päckchen Sahnesteif
2 Päckchen Vanillezucker
500 g verschiedene Beeren
gehackte Nüsse oder Schokoladenraspel

Eine Springform einfetten und mit Paniermehl ausstreuen.
Die Eier mit dem Zucker schaumig schlagen. Mehl, Stärke und Backpulver vermischen und unter den Eischaum rühren. Den Teig in die Form füllen. Im Ofen bei 180° C auf unterer Schiene etwa 40 Minuten backen.
Den Kuchen abkühlen lassen und in drei Böden teilen.
Die Sahne mit Sahnesteif schlagen und mit Vanillezucker süßen. Die Hälfte der Sahne auf zwei Böden streichen und mit Beeren belegen. Die Böden zu einer Torte übereinander legen und den oberen Boden sowie die Kanten mit der restlichen Sahne bestreichen. Mit Beeren und Nüssen garnieren.

Variante
Statt frischer Beeren kann man auch Beerenmus verwenden. Große Früchte wie Erdbeeren sollten in Scheiben geschnitten werden. Die Torte schmeckt auch ausgezeichnet, wenn nur eine Sorte wie zum Beispiel Him- oder Brombeeren verwendet werden.

Mandeltorte
Mandeltårta

Vier Eiweiß steif schlagen. Die Hälfte der Mandeln und die Hälfte des Zuckers mischen, portionsweise unter den Eischnee heben. Den Boden einer Springform mit Backpapier auslegen. Den Teig darin glatt streichen. Im vorgeheizten Ofen bei 200° C etwa 20 Minuten backen.
Den Boden aus der Form nehmen. Auf die gleiche Weise einen zweiten Boden backen. Mandelblättchen goldgelb rösten und auskühlen lassen.
Für die Creme die Butter im Wasserbad schmelzen – nicht zu heiß werden lassen. Zucker, Stärke und Eigelbe unterrühren. Die Masse mit den Schneebesen des Handrührgeräts bei schwacher Hitze aufschlagen, bis die Creme dicklich wird. Ein Drittel der Creme sofort auf einen Boden streichen. Den zweiten Boden darauf setzen. Die Torte schnell mit der restlichen Creme einstreichen und mit Mandeln bestreuen.
Mit Puderzucker und Sahnehäubchen verzieren.

für 12 Stücke

8 Eiweiß
200 g gemahlene Mandeln
220 g Zucker
75 g Mandelblättchen
Puderzucker
Sahne

für die Creme:
250 g Butter
250 g Zucker
40 g Stärke
8 Eigelb

Käsekuchen
Ostkaka

für 12 Stücke

250 g Mehl
1 TL Backpulver
175 g weiche Butter
250 g Zucker
4 Eier
750 g Magerquark
500 g saure Sahne
2 Päckchen Vanillepudding-pulver
125 g Rosinen

Das Mehl auf die Arbeitsfläche sieben, Backpulver zugeben und in die Mitte eine Mulde drücken. 125 g Butter in Flöckchen schneiden und beifügen. 70 g Zucker und ein Ei in die Mulde geben und alles schnell zu einem Mürbeteig verkneten. Den Teig in Frischhaltefolie wickeln und 30 Minuten in den Kühlschrank legen.
Den Backofen auf 200° C vorheizen. Mit der Hälfte des Teigs den Boden einer Springform (24 cm Durchmesser) auslegen, aus dem restlichen Teig den Rand formen. Im Ofen etwa 20 Minuten backen. Währenddessen die restliche Butter mit drei Eiern und dem restlichen Zucker schaumig schlagen. Quark und saure Sahne unterrühren. Zum Schluss Vanillepuddingpulver und Rosinen unterziehen.
Die Käsemasse auf den vorgebackenen Teig geben. Die Ofenhitze auf 180° C reduzieren und den Käsekuchen 50 Minuten backen.
Auskühlen lassen und in zwölf Stücke schneiden.

Fyriskuchen
Fyriskaka

Die Butter mit dem Zucker schaumig schlagen, nach und nach Eier unterschlagen. Das Mehl mit Zitronenschale und Backpulver mischen und unterrühren, Milch zugießen und alles zu einem glatten Teig verrühren. Den Teig in eine eingefettete und mit Paniermehl ausgestreute Springform (24 cm Durchmesser) füllen. Die Äpfel schälen, vierteln und entkernen. Die Stücke in den Teig drücken, mit Zucker und Zimt bestreuen. Den Kuchen im Ofen bei 180° C auf unterer Schiene 45 Minuten backen.
Den Kuchen etwas abkühlen lassen, bevor er aus der Form genommen wird.

Den aufgeschnittenen Kuchen mit cremig gerührtem Eis oder Schlagsahne servieren.

für 12 Stücke

200 g Butter
150 g Zucker
3 Eier
250 g Weizenmehl
1/2 ungespritzte Zitrone (abgeriebene Schale)
1 TL Backpulver
100 ml Milch
2 EL Paniermehl
3-4 Äpfel
2 EL Zucker
1 TL gemahlener Zimt
Butter zum Einfetten

Schwedischer Apfelkuchen
Äppelkaka

für 12 Stücke

120 g Butter
120 g Zucker
1 Päckchen Vanillezucker
abgeriebene Zitronenschale
2 Eier
200 g Mehl
150 g Stärke
2 TL Backpulver
30 g Rosinen
1 EL Aquavit
600 g Äpfel
1 TL gemahlener Zimt
etwas Puderzucker

für die Streusel:
120 g gemahlene Haselnüsse
25 g Stärke
25 g Zucker
1 TL gemahlener Zimt
60 g flüssige Butter

Butter, Zucker, Vanillezucker, Salz, Zitronenschale und Eier in eine Rührschüssel geben, mit dem Handrührgerät schaumig rühren. Mehl, Stärke und Backpulver sieben und vermischen, unterheben bzw. unterkneten. Drei Viertel des Teigs auf dem eingefetteten Boden einer Springform (28 cm Durchmesser) ausrollen. Den restlichen Teig zu einer Rolle formen, auf den Boden legen und etwa 3 cm hoch an den Rand der Springform drücken.
Die Rosinen in Aquavit einweichen. Die Äpfel schälen, achteln, entkernen und in dünne Scheiben schneiden. Mit Rosinen und Zimt vermischen, in die Springform geben.
Für die Streusel alle Zutaten vermischen, mit den Händen zerreiben und gleichmäßig auf die Apfelmasse verteilen. Bei 180° C auf unterer Schiene etwa 45 Minuten backen.
Den erkalteten Kuchen mit Puderzucker bestäuben und in zwölf Stücke schneiden.

Hefezopf
Vetelängd

500 g Mehl
1 Päckchen Trockenhefe
40 g Zucker
1/4 l lauwarme Milch
60 g zerlassene, lauwarme Butter
1 Ei
1 Eigelb
80 g Mandelblättchen

Das Mehl in eine Schüssel sieben und in die Mitte eine Mulde drücken. Die Hefe mit Zucker und Milch verrühren. Butter, Ei und Salz an den Rand geben und alles zu einem Hefeteig verkneten. Den Teig mit Mehl bestäuben und mit einem Tuch bedeckt an einem warmen Ort gehen lassen, bis sich das Volumen verdoppelt hat.
Den Backofen auf 200° C vorheizen. Den Teig nochmals kurz durchkneten und in drei gleiche Portionen teilen. Daraus drei 50 cm lange Stränge formen, nebeneinander auf eine bemehlte Arbeitsfläche legen und von der Mitte aus zuerst in der einen, dann in der anderen Richtung einen Zopf flechten. Die Enden flach drücken und unter den Zopf schieben. Den Zopf auf ein eingefettetes Blech setzen und weitere 10 bis 15 Minuten gehen lassen.
Das Eigelb mit etwas Milch verrühren. Den Zopf damit bestreichen und mit Mandelblättchen bestreuen. Auf mittlerer Schiene 45 bis 50 Minuten backen.

Eventuell mit Hagelzucker bestreuen.

Zimtschnecken
Kanelbullar

für etwa 45 Stück

900 g Weizenmehl
250 g Zucker
1 TL Kardamompulver
250 g Butter
2 Päckchen Hefe
1/2 l Milch
2 EL gemahlener Zimt
1 Ei
Hagelzucker

Das Mehl mit 150 g Zucker, 1 TL Salz und Kardamom in eine große Schüssel geben. 150 g Butter zerteilen und seitlich zugeben, die Hefe in die Mitte in eine Mulde bröckeln. Die Milch erwärmen und lauwarm in die Schüssel gießen. Alles kneten, bis ein geschmeidiger Teig entsteht.
Den Teig zugedeckt etwa 30 Minuten gehen lassen, bis sich das Volumen verdoppelt hat. Erneut durchkneten, in zwei gleich große Stücke teilen und ausrollen.
Währenddessen die Füllung zubereiten: Restlichen Zucker und Zimt unter die Butter kneten, bis eine geschmeidige Masse entsteht. Jedes Teigstück zu einem länglichen Rechteck von 25 mal 50 cm Größe ausrollen. Die Füllung auf beide Hälften verteilen und gleichmäßig verstreichen. Von der längeren Seite aus aufrollen, allerdings nicht zu fest.
Die Teigrollen in etwa 2 cm breite Stücke schneiden und auf ein mit Backpapier ausgelegtes Blech legen. Mit einem Tuch bedecken und weitere 30 Minuten gehen lassen.
Den Backofen auf 250° C vorheizen. Die Schnecken mit dem aufgeschlagenen Ei bestreichen und mit Hagelzucker bestreuen. Auf mittlerer Schiene etwa 8 Minuten backen.
Auf einem Gitter abkühlen lassen.

Marzipan-Brötchen
Semlor

für 10-12 Stück

75 g Butter
300 ml Milch
500 g Mehl
2 Päckchen Hefe
100 g Zucker
1/2 TL Natron
2 Eier
200 g süße Sahne
1 EL Puderzucker

für die Marzipanmasse:
150 g Rohmarzipan
5 EL Zucker
100 ml Milch
1 TL gemahlener Zimt

Die Butter in der Milch schmelzen und alles lauwarm werden lassen. Das Mehl mit Hefe, 1/2 TL Salz, Zucker, Natron und einem Ei in eine Schüssel geben. Die lauwarme Milch zugießen und alles zu einem glatten und elastischen Teig verkneten. Etwa 30 Minuten gehen lassen, bis sich das Volumen verdoppelt hat.
Aus dem Teig zehn bis zwölf runde Brötchen formen und auf ein eingefettetes und bemehltes oder mit Backpapier ausgelegtes Blech setzen. Erneut gehen lassen.
Den Ofen auf 225° C vorheizen. Die Brötchen mit einem aufgeschlagenen Ei bestreichen und auf mittlerer Schiene etwa 10 Minuten backen. Dann auf einem Gitter auskühlen lassen.
Das Rohmarzipan mit Zucker, Milch und Zimt anrühren. Die Brötchen halbieren und aus den unteren Hälften den Teig herausheben. Diesen zur Marzipanmasse geben und mit einer Gabel zerdrücken, eventuell etwas lauwarme Milch zugießen. Diese Masse in die Brötchen füllen. Sahne schlagen, in einen Spritzbeutel füllen und die unteren Brötchenhälften besprühen. Die oberen Hälften wieder darauf setzen und mit etwas Puderzucker bestäuben.

Preiselbeer-Sahne-Torte aus Waffeln
Lingongräddtårta med våffla

für 5 Stücke

1 Ei
2 Eigelb
80 g Zucker
1 Päckchen Vanillezucker
3 EL Sonnenblumenöl
80 g Mehl
1 Messerspitze gemahlener Zimt
1/2 TL Backpulver
200 g süße Sahne
1 Päckchen Sahnesteif
200 g angedickte Preiselbeeren (aus dem Glas)

Für die Waffeln Ei und Eigelbe mit Zucker, Vanillezucker und einer Prise Salz schaumig schlagen. Das Öl unterrühren. Mehl, Zimt und Backpulver vermischen und portionsweise unterrühren. Das Waffeleisen aufheizen, eventuell einfetten und etwa vier Waffeln backen.
Für die Füllung die Sahne mit Sahnesteif schlagen. Auf eine Waffel ein Drittel der Preiselbeeren und dann ein Drittel der Sahne streichen. Die zweite Waffel darauf legen und ebenso verfahren, desgleichen mit der dritten und vierten Waffel. Die Torte mit Sahne und Preiselbeeren verzieren.

Variante
Statt Preiselbeeren lassen sich auch Brombeeren, Moltebeeren, die mit etwas Stärke angedickt sind, oder Sanddorngelee verwenden.

Apfelwaffeln mit Zimtdickmilch
Äppelvåfflor med kanelfilmjölk

für 14 Stück

200 g Butter
100 g Zucker
abgeriebene Zitronenschale
4 Eier
250 g Mehl
1 Päckchen Backpulver
100 g geriebene Mandeln
125 ml Milch
100 g geraspelter Apfel
2 Päckchen Vanillezucker
2 TL gemahlener Zimt
500 g Dickmilch

Butter, Zucker, Zitronenschale und Eier schaumig rühren. Mehl, Backpulver und Mandeln mischen und abwechselnd mit der Milch unterheben. Zum Schluss die Apfelraspel unter den Teig rühren – er sollte dickflüssig sein. Das Waffeleisen aufheizen, eventuell einfetten und 14 goldgelbe Waffeln backen.
Vanillezucker und Zimt in die Dickmilch rühren und zu den Waffeln servieren.

Blitzgebäck
Hastbullar

für etwa 20 Stück

300 g Weizenmehl
80 g Zucker
2 TL Backpulver
1 TL Kardamompulver
100 g Butter
80 g Rosinen
2 EL gehacktes Orangeat
2 Eier
200 g Dickmilch
4 EL Hagelzucker

etwa 20 kleine Papierförmchen

In einer Schüssel Mehl, Zucker, Backpulver und Kardamom mischen. Die Butter mit den Fingerspitzen schnell unterkneten, bis ein streuselartiger Teig entsteht – nicht zu lange, da sonst der Teig zäh wird. Rosinen und Orangeat untermischen. Ein Ei mit Dickmilch verrühren und unterheben.
Die Papierförmchen mit Teig füllen und auf ein Backblech stellen. Den Ofen auf 225° C vorheizen. Das Gebäck mit geschlagenem Ei bestreichen, mit Hagelzucker bestreuen und auf mittlerer Schiene etwa 10 Minuten backen.

Variante
Mit ein paar EL gehackten Nüssen lässt sich das Gebäck geschmacklich variieren.

Haferflockenplätzchen
Havreflarn

für 30 Stück

100 g Butter
50 g Haferflocken
1 Ei
100 g Zucker
5-6 Tropfen Bittermandelöl
4 EL gemahlene Mandeln
1 TL Backpulver
1 EL Weizenmehl

Die Butter zerlassen, mit Haferflocken verrühren, abkühlen lassen. Das Ei aufschlagen, mit Zucker, Bittermandelöl, Mandeln, Backpulver und Mehl der Mischung zugeben und zu einem Teig verrühren.
Löffelweise auf ein eingefettetes und bemehltes oder mit Backpapier ausgelegtes Blech setzen, dabei viel Platz zwischen den Häufchen lassen, da der Teig auseinander läuft. Im Ofen bei 225° C auf mittlerer Schiene etwa 5 Minuten backen.

Mandelmuscheln
Mandelmusslor

für etwa 50 Stück

125 g Mandeln
200 g Butter
100 g Zucker
4-5 Tropfen Bittermandelöl
1 Ei
250 g Mehl

Förmchen in Muschelform (»Bärentatzen«)

Die Mandeln mit heißem Wasser überbrühen, schälen, trocknen und fein mahlen. Die Butter mit Zucker und Bittermandelöl zu einer fast weißen, cremigen Masse rühren. Mandeln, Ei und Mehl zugeben und zu einem glatten Teig verkneten. In Frischhaltefolie einwickeln und im Kühlschrank mindestens eine Stunde ruhen lassen.
Den Teig auf einer bemehlten Arbeitsfläche zu einer dünnen Rolle formen und in Scheiben schneiden. Die Teigstückchen in die eingefetteten Förmchen drücken und die Teigmuscheln auf ein Backblech setzen. Im Ofen bei 200° C auf mittlerer Schiene etwa 8 Minuten backen.
Die Mandelmuscheln nach dem Backen sofort aus den Förmchen stürzen.

Pfefferkuchen
Mjuk-pepparkaka

100 g Butter
2 Eier
150 g Zucker
150 g saure Sahne
1/2 TL gemahlener Ingwer
1/2 TL gemahlene Gewürznelken
2 TL gemahlener Zimt
Salz
150 g Mehl
1 TL Pottasche

Eine Kastenform (20 cm Länge) einfetten und mit Mehl bestäuben. Butter schmelzen und abkühlen lassen. Eier und Zucker schaumig schlagen, saure Sahne und flüssige Butter unterrühren. Die Gewürze mit gesiebtem Mehl und Pottasche mischen, unterrühren.
Den Teig in die Form füllen. Im Ofen bei 200° C auf unterer Schiene etwa 45 Minuten backen.
Etwas auskühlen lassen und aus der Form stürzen.

Lebkuchen
Pepparkakor

Diese Plätzchen werden zu Weihnachten gebacken und schmecken besonders zu Glühwein.

am Vortag beginnen
für etwa 150 Stück

200 g Zucker
50 g Rübensirup
200 g Butter
1 EL abgeriebene Zitronenschale
2 EL gemahlener Zimt
2 TL gemahlener Ingwer
1 TL gemahlene Gewürznelken
2 TL Kardamompulver
600 g Weizenmehl
2 TL Pottasche

Den Zucker mit Sirup und 100 ml Wasser in einem Topf unter Rühren einmal aufkochen. Die Butter mit den Gewürzen in eine Schüssel geben, das heiße Zuckerwasser darüber gießen. Umrühren, so dass die Butter schmilzt, und abkühlen lassen. Das gesiebte Mehl mit der Pottasche mischen und mit den anderen Zutaten in der Schüssel kneten, bis ein geschmeidiger Teig entsteht. Über Nacht im Kühlschrank ruhen lassen.
Am nächsten Tag den Teig portionsweise ausrollen, dabei nicht zu sehr drücken. Lebkuchen mit verschiedenen Formen ausstechen und auf eingefettete und bemehlte oder mit Backpapier ausgelegte Bleche setzen. Im Ofen bei 200 bis 225° C auf mittlerer Schiene etwa 8 Minuten backen.

Weihnachtshähne
Jultupp

für 5 Stück

125 ml Milch
100 g Butter
500 g Mehl
1 Päckchen Trockenhefe
100 g Zucker
1 Messerspitze gemahlener Zimt
1 EL abgeriebene Zitronenschale
1 Ei

Zum Garnieren:
1 Eigelb
2 EL Milch
Belegkirschen
Rosinen
Mandelblättchen
Hagelzucker

Die Milch erwärmen und die Butter darin zerlassen. Das Mehl in eine Schüssel sieben und in die Mitte eine Mulde drücken. Hefe und Zucker hineingeben. Milch mit Butter, Salz, Zimt, Zitronenschale und Ei an den Rand der Schüssel geben und mit den Knethaken des Handrührgeräts zu einem glatten Teig kneten. An einem warmen Ort zugedeckt etwa 30 Minuten gehen lassen.
Aus Papier eine Schablone in Form eines Hahnes schneiden, sie soll etwa 20 x 20 cm groß sein. Den Teig auf einer bemehlten Arbeitsfläche etwa 1 cm dick ausrollen. Fünf Hähne ausschneiden und auf eingefettete und bemehlte oder mit Backpapier ausgelegte Bleche legen. Den Backofen auf 200° C vorheizen. Aus dem restlichen Teig fünf Flügel ausschneiden.
Eigelb mit Milch verrühren, die Hähne damit bestreichen. Die Flügel an passender Stelle auf die Hähne legen und erneut mit Eiermilch bestreichen. Die Hähne mit den übrigen Zutaten garnieren: mit den Belegkirschen den Hahnenkamm andeuten und mit der Rosine ein Auge. Mit Mandelblättchen und Hagelzucker großzügig bestreuen. Auf mittlerer Schiene etwa 30 Minuten backen.

Schleifen
Klenäter

Ein traditionelles Weihnachtsgebäck, das zum Kaffee serviert oder mit Konfitüre und Schlagsahne als Dessert gegessen wird.

am Vortag beginnen
für etwa 50 Stück

50 g Butter
5 Eigelb
4 EL Zucker
1/2 ungespritzte Zitrone (abgeriebene Schale)
1 EL Rum
200 g Mehl
Öl zum Frittieren
Puderzucker

Die Butter schmelzen und abkühlen lassen, dann mit Eigelben und Zucker cremig schlagen. Zitronenschale, Rum sowie Mehl unterrühren und alles zu einem geschmeidigen Teig verarbeiten. In Folie wickeln und über Nacht im Kühlschrank ruhen lassen.
Am nächsten Tag den Teig so dünn wie möglich ausrollen und mit einem Rädchen in 3 cm breite und 10 cm lange Streifen schneiden. In die Mitte jedes Streifens einen Schlitz schneiden und das eine Ende des Streifens durchziehen. Die Schleifen auf ein Holzbrett legen und etwas trocken werden lassen.
In einem Topf oder einer Fritteuse Öl auf etwa 180° C erhitzen. Zwei bis drei Schleifen gleichzeitig ausbacken, bis sie eine goldbraune Farbe annehmen. Auf Küchenpapier gut abtropfen lassen.
Je nach Wunsch mit Puderzucker bestäuben.

Brogärdsbrot
Brogärdskakor

für 40 Stück

25 g Hefe
2 TL gestoßener Fenchel
2 TL gestoßenes Anis
500 g feines Roggenmehl
150 g Weizenmehl

1/2 l Wasser erwärmen und die Hefe darin auflösen, Gewürze und 1 TL Salz hinzufügen. Die Hälfte des Roggenmehls unterrühren, 30 Minuten gehen lassen.
Das restliche Mehl hinzufügen und den Teig zu einer lockeren Masse kneten. Mit etwas Mehl bestreuen und gehen lassen, bis sich das Volumen verdoppelt hat.
Den Teig durchkneten und auf ein bemehltes Backbrett legen. Nochmals durcharbeiten, in 40 Stücke teilen und zu runden Brötchen formen. Auf einer bemehlten Arbeitsfläche in dünne, runde Fladen ausrollen und auf eingefettete Backbleche legen. In der Mitte jeweils ein kleines rundes Loch ausstechen, anschließend etwa 10 Minuten gehen lassen.
Den Ofen auf 225° C vorheizen und die Brote auf mittlerer Schiene etwa 5 Minuten backen. Auf ein Gitter legen und mit einem Tuch bedeckt abkühlen lassen.

Die Brote können auf einen Stock aufgefädelt und getrocknet werden und sind dann mehrere Wochen haltbar.

Brot aus Skåne
Skånelimpa

am Vortag beginnen

400 g grobes Roggenmehl
40 g Hefe
50 g Dickmilch
30 g Rübensirup
300 g Weizenmehl

1/2 l Wasser zum Kochen bringen, über das Roggenmehl gießen und gut verrühren. Über Nacht zugedeckt stehen lassen.
Am nächsten Tag die zerbröckelte Hefe, 1/2 EL Salz, Dickmilch und Sirup hinzufügen und durchkneten. Den Teig 30 Minuten gehen lassen.
Das Weizenmehl zugeben und alles zu einem festen Teig verkneten. Gründlich durcharbeiten, zu einem Brotlaib formen, einstechen und auf ein eingefettetes Blech legen. Das Brot gehen lassen, bis sich das Volumen verdoppelt hat.
Im Ofen bei 180° C auf unterer Schiene etwa 30 Minuten backen. Kurz vor dem Herausnehmen mit heißem Wasser bestreichen.

Variante
Dieses aus Südschweden stammende Brot ist sehr gehaltvoll und würzig. Bei Bedarf können dem Teig etwa 2 EL gestoßener oder gemahlener Kümmel zugefügt werden. Soll das Brot gut gelingen, muss der schwere Teig kräftig durchgeknetet werden.

Weiches Fladenbrot
Mjukt tunnbröd

für 14 Stück

1/2 l Milch
50 g Butter
25 g Hefe
3 EL Zucker
2 EL Rübensirup
1/2 TL Hirschhornsalz
100 g Weizenvollkornmehl
100 g Roggenmehl
400 g Weizenmehl

Die Milch erwärmen und die Butter darin schmelzen. Die Hefe in der warmen Milch auflösen. 1/2 TL Salz, Zucker, Sirup, Hirschhornsalz, Vollkorn- und Roggenmehl unterrühren, 30 Minuten ruhen lassen.

Das Weizenmehl unter den Teig kneten und mit einem Tuch bedeckt etwa 45 Minuten gehen lassen.

Den Teig auf einer bemehlten Arbeitsfläche in 14 Stücke teilen und zu runden Brötchen rollen. Diese zu etwa 1/2 cm dicken Kuchen ausrollen. Jeweils über das Nudelholz legen und überschüssiges Mehl abbürsten.

Eine Pfanne ohne Fett erhitzen und den Fladen vorsichtig in die heiße Pfanne legen. Bei mittlerer Hitze von beiden Seiten etwa 2 Minuten backen. Mit den übrigen auf gleiche Weise verfahren.

Mit einem Tuch bedeckt auf einem Gitter abkühlen lassen.

Desserts
Efterrätter

Viel Sahne und Beeren zeichnen die süße Küche Schwedens aus. Von Erdbeercreme über Hollerküchle, Johannisbeerkompott und Preiselbeerparfait bis hin zu Blaubeerpfannkuchen kann man sich ins Beerenvergnügen stürzen. Auch die Hagebuttenkaltschale, die es fast überall in Schweden als Fertiggericht zu kaufen gibt, ist die Mühe wert.

Hollerküchle
Fläderbakelse

Das Mehl mit 1 TL Salz, Mineralwasser und Öl kräftig verquirlen. Eine Stunde quellen lassen. Währenddessen die Holunderblüten waschen und trockentupfen.
In einem hohen Topf Fett zum Frittieren erhitzen. Die Eiweiße steif schlagen und unter den Teig heben. Jeweils eine Blüte am Stiel anfassen, in den Teig tauchen und abtropfen lassen. In das heiße Fett geben und ausbacken.
Das überschüssige Fett auf Küchenpapier abtropfen lassen.

125 g Mehl
200 ml Mineralwasser mit Kohlensäure oder Weißwein
2 EL Öl
25 Holunderblütendolden
2 Eiweiß
Fett zum Frittieren

Dazu passt ein Früchtekompott oder Vanilleeis.

Johannisbeerkompott mit Vanillesahne
Vinbärskräm med vaniljgrädde

Die Beeren putzen und waschen. Mit 200 ml Wasser unter Rühren weich kochen. Die Stärke mit etwas Wasser anrühren und mit Zucker unter Rühren zugeben. Aufkochen und andicken. Mit Zimt abschmecken und auskühlen lassen.
Die Sahne leicht anschlagen, nicht steif werden lassen, Vanillezucker zugeben. Die Sahne mit dem Johannisbeerkompott reichen.

500 g rote und schwarze Johannisbeeren
3-4 EL Stärke
100-150 g Zucker
1/4 TL gemahlener Zimt
200 g süße Sahne
1 Päckchen Vanillezucker

Engelsspeise
Änglamat

100 g Wildpreiselbeeren (aus dem Glas)
abgeriebene Orangenschale
200 g süße Sahne
1 Päckchen Vanillezucker
300 g Apfelkompott
4 EL Haselnussblättchen

Preiselbeeren erwärmen, mit Orangenschale verrühren und erkalten lassen.
Sahne steif schlagen, den Vanillezucker unterrühren. Eine Hälfte der Sahne unter die Preiselbeeren und die andere unter das Apfelkompott heben. Apfel- und Preiselbeersahne abwechselnd in kleine Dessertschälchen aus Glas schichten. Mit Haselnussblättchen verzieren.

Erdbeercreme
Jordgubbskräm

500 g Erdbeeren
50 g Zucker
2-3 EL Kartoffelstärke

Die Beeren waschen und putzen, große Früchte halbieren. Mit 1/4 l Wasser und Zucker zum Kochen bringen. Die Stärke mit 1/4 l Wasser anrühren und unterrühren. Das Ganze pürieren. Die Creme in eine Schüssel geben und etwas Zucker auf die Oberfläche streuen, damit sich keine Haut bildet. Abkühlen lassen.

Die Creme wird warm oder kalt mit Milch serviert.

Sahnemilchreis mit roter Grütze

Gräddmjölkris med röd gröt

Für den Milchreis die Vanilleschoten längs aufschneiden und das Mark herausschaben. Vanillemark, Schoten, die Hälfte der Zitronenschale und eine Prise Salz mit der Milch aufkochen. Reis einrühren und bei schwacher Hitze zugedeckt etwa 25 Minuten ausquellen lassen, dabei ab und zu umrühren.
Die Vanilleschoten entfernen. Gelatine in kaltem Wasser 10 Minuten quellen lassen. Ausdrücken und mit der Hälfte des Zuckers unter den heißen Reis rühren. Kalt stellen.
Die Sahne steif schlagen. Sobald der Reis zu gelieren beginnt, die Sahne unterheben. In eine große Schüssel geben und zugedeckt kalt stellen.
Für die Grütze die Früchte verlesen, waschen, trockentupfen, eventuell klein schneiden. Restliche Zitronenschale, Zimt, restlichen Zucker und Kirschsaft 5 Minuten kochen. Die Zimtstange entfernen. Die Stärke mit etwas Wasser anrühren, in den kochenden Fruchtsaft rühren und 1 Minute weiterkochen. Die Früchte unterrühren. Vom Herd nehmen, zugedeckt kalt stellen.
Milchreis mit roter Grütze anrichten, eventuell mit Zitronenmelisse verzieren.

1 Vanilleschote
abgeriebene Zitronenschale
600 ml Milch
80 g Milchreis
3 Blatt weiße Gelatine
120 g Zucker
200 g süße Sahne
450 g gemischte Beeren (Erd-, Him- und Blaubeeren)
1/2 Zimtstange
1/4 l Kirschsaft
2 EL Stärke
nach Geschmack: Zitronenmelisse

Hagebuttenkaltschale
Nyponsoppa

einige Stunden einweichen

200-250 g getrocknete Hagebutten
60 g Zucker
1 EL Kartoffelstärke
1/2 Zitrone (Saft)

Die Hagebutten zerstoßen und einige Stunden in Wasser einweichen, dann in demselben Wasser etwa 30 Minuten weich kochen.
Durch ein Sieb passieren und, falls notwendig, bis auf 1 1/2 l mit Wasser auffüllen. Zucker zufügen und alles aufkochen. Die Stärke mit etwas kaltem Wasser anrühren und unterrühren. Alles nochmals aufkochen und abkühlen lassen.
Mit Zucker und Zitronensaft abschmecken.

Mit Zwieback, einem Löffelchen Eis oder einem Häufchen Schlagsahne servieren.

Rhabarberauflauf
Smulpaj med rabarber

120 g Mehl
120 g Zucker
30 g gemahlene Mandeln
100 g Butter
400 g Rhabarber
1 EL Kartoffelstärke

In einer Schüssel Mehl, 50 g Zucker und Mandeln mischen. Die Butter in Stückchen schneiden und zugeben. Mit den Händen zu einem Streuselteig verarbeiten.
Den Rhabarber putzen und, falls notwendig, die dicke Haut abziehen. In 2 cm lange Stücke schneiden, mit restlichem Zucker und Stärke mischen und in eine eingefettete feuerfeste Form geben. Die Streusel darüber verteilen.
Im Ofen bei 200° C auf mittlerer Schiene etwa 30 Minuten backen, bis der Rhabarber weich geworden ist und der Teig Farbe annimmt.

Variante
Dazu serviert man Vanillesauce, Schlagsahne oder Eis.
Statt Rhabarber lässt sich auch anderes säuerliches Obst wie Pflaume, Mirabelle, Reneklode oder Apfel verwenden.

Preiselbeerparfait
Lingonparfait

am Vortag beginnen
für 6 Personen

300 g frische oder gefrorene Preiselbeeren
3 Eigelb
60 g Zucker
400 g süße Sahne

Die frischen Beeren waschen und verlesen, gefrorene auftauen lassen. Die Eigelbe mit Zucker schaumig schlagen. Die Beeren im Mixer pürieren oder mit einem Holzlöffel oder Kartoffelpüreestampfer zerdrücken. Das Püree in den Eischaum geben. Die Sahne aufkochen und unter kräftigem Schlagen zugießen. Abkühlen lassen. Die Mischung in eine Napfkuchenform oder Schale füllen und im Gefrierschrank möglichst über Nacht fest werden lassen.
Vor dem Servieren das Parfait etwa 15 Minuten antauen, bevor es auf eine Platte gestürzt wird.

Blaubeerpfannkuchen
Blåbärspannkaka

2 Eier
400 ml Milch
100 g Weizenmehl
200 g frische Blaubeeren
1 EL Butter
Zucker
Puderzucker

Die Eier mit Milch verquirlen, Mehl und Salz zugeben und alles zu einem glatten Teig verrühren. Die Blaubeeren waschen, putzen und trockentupfen.
Den Teig portionsweise in eine beschichtete Pfanne mit etwas Butter geben, ein paar Blaubeeren darauf verteilen. Den Pfannkuchen stocken lassen, wenden und goldbraun backen. Mit dem restlichen Teig auf gleiche Weise fahren. Mit wenig Zucker und Puderzucker bestäuben.

Variante
Mit Eis oder Schlagsahne servieren.
Statt Blaubeeren können Sie auch entsteinte Kirschen, Johannis- oder Preiselbeeren verwenden.

Preiselbeersahne mit Zwieback
Lingongrädde med skorpa

einige Stunden kühl stellen

300 g süße Sahne
200 g Preiselbeerkonfitüre
10 Stück Zwieback

Die Sahne steif schlagen und die Hälfte der Konfitüre unterheben. Zwieback in mundgerechte Stücke zerbrechen und abwechselnd mit der Preiselbeersahne in eine Schüssel schichten. Das Dessert einige Stunden in den Kühlschrank stellen, damit die Zwiebackstücke weich werden. Mit der restlichen Preiselbeerkonfitüre garnieren.

Variante
Eventuell einen Zwieback grob zerbröseln und damit das Dessert bestreuen. Statt Zwieback kann man auch Keksreste verwenden.

Zimtpfannkuchen mit Birnenkompott
Kanelpannkaka med päronkompott

2 Birnen
60 g Butter
3 EL Honig
3 EL Zitronensaft
100 g Mehl
1 EL Zucker
3 Eier
200 ml Milch
100 g Schlagsahne
nach Geschmack: Puderzucker

Die Birnen halbieren, entsteinen und in Scheiben schneiden. In einer beschichteten Pfanne 20 g Butter erhitzen und die Birnen weich dünsten. Honig zugeben und alles leicht karamellisieren lassen, mit Zitronensaft ablöschen.
Das Mehl in eine Schüssel sieben. Zucker und eine Prise Salz beifügen. Eier und Milch zugeben und alles zu einem glatten Teig verrühren. 15 Minuten quellen lassen.
In einer beschichteten Pfanne den Rest der Butter zerlassen, eine kleine Kelle Teig hineingeben und durch Schwenken der Pfanne verteilen. Den Pfannkuchen von beiden Seiten goldbraun backen. Nacheinander acht Pfannkuchen backen. Die fertigen übereinander stapeln und im Backofen bei 120° C warm halten.
Mit dem Birnenkompott anrichten, eventuell mit etwas Puderzucker bestäuben oder mit einen Tupfer Sahne garnieren.

Apfelauflauf
Äppelpudding

Die Brotscheiben zweimal diagonal schneiden, so dass kleine Dreiecke entstehen. Die Milch mit den Eiern verquirlen, das Brot darin einweichen.
Den Backofen auf 200° C vorheizen. Die Äpfel schälen, vierteln, entkernen und in dünne Scheiben schneiden. Eine längliche Auflaufform einfetten. Abwechselnd Brot – mit den gleichschenkligen Seiten nach oben – und Apfelscheiben hineinschichten. Die restliche Eiermilch darüber gießen. Zucker und Zimt mischen, den Auflauf damit bestreuen. Butterflöckchen darauf setzen. Im vorgeheizten Ofen auf mittlerer Schiene etwa 30 Minuten backen.

6 Scheiben Rosinenbrot (quadratisch)
400 ml Milch
2 Eier
2-3 Äpfel (etwa 500 g)
3 EL Zucker
1/4 TL gemahlener Zimt
30 g Butter

Frischkäseeis
Färskostglass

Die Sahne steif schlagen und mit Vanillezucker süßen. Die Eier trennen, die Eiweiße ebenfalls steif schlagen. Eigelbe mit Zucker und Frischkäse in einer dritten Schüssel schaumig rühren. Alle drei Massen vorsichtig miteinander verrühren.
Drei Kekse in einer Form zerkleinern, die Schaummasse darüber geben und die restlichen Kekse ebenfalls zerkleinert darauf verteilen. Mindestens vier Stunden im Gefrierschrank frieren lassen.
Etwa 20 Minuten vor dem Servieren herausnehmen und mit Waldbeeren reichen.

4 Stunden kühl stellen

300 g süße Sahne
1 TL Vanillezucker
3 Eier
150 g Zucker
100 g Frischkäse
6 Kekse
400 g frische Waldbeeren

Käsekuchen ohne Boden
Ostkaka utan botten

2 EL Butter
2 EL Mehl
300 g süße Sahne
4 Eier
200 g geriebener Schnittkäse (Herrgårdost)

In einem Topf Butter erhitzen, Mehl einrühren und die Sahne unter Rühren zufügen. Das Ganze etwa 3 Minuten kochen.
Den Topf vom Herd nehmen. Die Eier trennen, Eigelbe und Käse unter die Masse heben und alles etwas abkühlen lassen.
Die Eiweiße steif schlagen und vorsichtig unterheben. Den Backofen auf 200° C vorheizen. Die Masse in eine eingefettete feuerfeste Form geben und im Ofen etwa 30 Minuten backen.
Den Käsekuchen warm servieren.

Dazu reichen Sie frische Beeren oder Konfitüre.

Getränke
Drycker

Glögg – die schwedische Glühweinvariante – gehört auf jeden Weihnachtsmarkt. Auch wenn die Alkoholsteuer in Schweden den Preis von Alkoholika in die Höhe treibt, gehören Schnaps und auch Bier zu den typisch schwedischen Getränken. Neben diesen spielen Beerensäfte eine große Rolle.

Holunderblüten-Drink
Fläderdrink

Eiswürfel zerstoßen und mit Sirup und Wodka in ein Glas geben. Mit Mineralwasser auffüllen. Mit Zitronenscheibe und Holunderblütendolde garnieren.

für 1 Glas

Eiswürfel
2 EL Holunderblütensirup
20 ml Wodka
150 ml Mineralwasser mit Kohlensäure
1 Zitronenscheibe
1 Holunderblütendolde

Weihnachtssaft
Julmust

In einem Topf alle Zutaten mit 300 ml Wasser einmal aufkochen. Den Topf einen Tag stehen lassen.
Die Gewürze abseihen und den Saft erhitzen.

Traditionell werden Rosinen und geschälte Mandeln dazu gereicht oder als Einlage direkt vor dem Servieren in den Saft gegeben.

1 Tag stehen lassen
für 4 Gläser

200 ml Apfelsaft
400 ml schwarzer Johannisbeersaft
1 Zimtstange
5 Kardamomsamen
4 Gewürznelken

Preiselbeersaft
Lingondricka

Die Beeren waschen und pürieren, in ein großes Gefäß geben und mit 1 1/2 l Wasser auffüllen. Zitronensaft zugießen und umrühren. Zugedeckt ein bis zwei Tage kalt stellen. Ab und zu umrühren.
Das Ganze durch ein Leinentuch abseihen, den Saft auffangen und mit Zucker süßen. Den Saft erhitzen und rühren, bis sich der Zucker vollständig aufgelöst hat. Den Saft abschäumen und in sterile Flaschen füllen. Sofort verschließen.

1-2 Tage kühl stellen
für etwa 3 Liter

3 kg ausgelesene Preiselbeeren
3 Zitronen (Saft)
750-1000 g Zucker

Holunderbowle
Fläderbål

3 Stunden ziehen lassen
für 8 Gläser

20 Holunderblütendolden
3/4 l halbtrockener Weißwein (Chardonnay)
3/4 l trockener Sekt

Holunderblüten waschen und trockentupfen. Acht Dolden zur Seite legen, die übrigen in Wein etwa drei Stunden ziehen lassen.
Mit Sekt auffüllen und kalt stellen. Die Gläser mit restlichen Dolden verzieren.

Variante
Als Variante ohne Alkohol, für Kinder oder wenn man seinen Geldbeutel schonen will, wird der Wein durch hellen Traubensaft und der Sekt durch Zitronenlimonade ersetzt.

Wolfstatze
Vargtass

für 1 Glas

Eiswürfel
20 ml Wodka
2 EL Preiselbeersaft
150 ml Mineralwasser mit Kohlensäure

Eiswürfel zerstoßen und mit Wodka und Preiselbeersaft in ein Glas geben. Mit Mineralwasser auffüllen.

Kaffee aus Roslagen
Roslagskaffe

Den Kaffee in eine Tasse füllen und je nach Geschmack Schnaps zugießen.

Einer alten Tradition zufolge stellte man früher einen Teelöffel in ein Glas und füllte mit Schnaps auf, bis der Löffel unten im Glas sichtbar wurde. Dann erst hatte der Kaffee die richtige Stärke.

für 1 Tasse

150 ml starker heißer Kaffee
20 ml Aquavit

Glühwein
Glögg

Den Ingwer schälen und fein hacken. Mit den übrigen Zutaten in einen Topf geben und erhitzen. Die Gewürze abseihen und heiß servieren.

Traditionell werden Rosinen und geschälte Mandeln dazu gereicht oder als Einlage direkt vor dem Servieren in den Glühwein gegeben.

für 6-8 Tassen

1 Stück Ingwer (2 cm)
2 Zimtstangen
5 Gewürznelken
3/4 l Glühwein
3/4 l Rotwein

Weihnachtsschnaps
Julsnaps

2 Tage stehen lassen
für 1 Flasche

2 EL Zucker
2 Zimtstangen
12 Gewürznelken
12 Kardamomsamen
3/4 l Wodka
1 Orange

Zucker, Zimt, Nelken und Kardamom in eine Flasche mit 1 l Fassungsvermögen geben. Wodka aufgießen, die Flasche verschließen und schütteln. Einen Tag stehen lassen.
Die Orange gründlich waschen und die oberste Schale in einem langen Streifen abschälen. Die Orangenschale in die Flasche legen und alles weitere 24 Stunden stehen lassen.
Den Schnaps durchseihen und gut gekühlt zum Weihnachtsbüfett servieren.

Schnaps zum Krebsessen
Snaps till kräftor

5 Tage stehen lassen
für 1 Flasche

3 EL Anissamen
1 1/2 EL Fenchelsamen
2 TL Kümmel
3/4 l Wodka

Anis, Fenchel und Kümmel in eine Flasche mit 3/4 l Fassungsvermögen geben. Wodka aufgießen und die Flasche verschließen. Fünf Tage bei Zimmertemperatur stehen lassen.
Den Schnaps durchseihen und gut gekühlt zu den Krebsen servieren.

Schnaps mit Polkagris-Bonbons
Snaps med polkagriskaramell

für 1 Flasche

1-2 Tüten Polkagris-Bonbons
3/4 l Wodka

Die Bonbons zerstoßen und in eine Flasche mit 3/4 l Fassungsvermögen geben. Mit Wodka auffüllen.
Den Schnaps gut gekühlt servieren.

Rezeptregister

Stichwortregister

In der Reihe »Gerichte und ihre Geschichte« erschienen in gleicher Ausstattung:

Hamidullah Kabuli Kohgadai
◆ Afghanisch kochen

Magdi und Christine Gohary,
Brahim Lagunaoui
◆ Arabisch kochen

Stefan Ullmann
◆ Australisch kochen

Moema Parente Augel
◆ Brasilianisch kochen

Brigitte und Elmar Engel
◆ Indianisch kochen

Madhur Jaffrey
◆ Indisch kochen

Jürgen Schneider
◆ Irisch kochen

Elisabeth Veit
◆ Kanarisch kochen

Birgit Kahle
◆ Kubanisch kochen

Beate Engelbrecht, Ulrike Keyser
◆ Mexikanisch kochen

Magdi und Christine Gohary
◆ Orientalisch kochen

Ketsela Wubneh-Mogessie
◆ Ostafrikanisch kochen

Parwin Vormweg
◆ Persisch kochen

Magrit Liepe
◆ Polnisch kochen

Márcia Zoladz
◆ Portugiesisch kochen

Hans-Ulrich Stauffer,
Hanspeter Fontana
◆ Südafrikanisch kochen

Bânu Yalkut-Breddermann, Hajo Breddermann
◆ Türkisch kochen

Jojo Cobbinah, Holger Ehling
◆ Westafrikanisch kochen

... außerdem:

Jacob Blume
◆ Mit Lust die Welt verschlingen
Die sinnliche Küche Afrikas

◆ Das Buch von guter Speise
Mittelalterlich kochen

Die Reihe wird fortgesetzt.
Bitte fordern Sie unseren
aktuellen Katalog an:

Verlag Die Werkstatt
Lotzestraße 24 a
D-37083 Göttingen
E-Mail: werkstatt-verlag@t-online.de
Internet: www.werkstatt-verlag.de

Gerichte und ihre Geschichte

Jürgen Schneider
Irisch kochen
232 S., Hardcover
ISBN 3-89533-249-6
17,40 €
Ein ausführlicher Blick in die Geschichte: was sich in Mythen über sie findet und wie sie sich nach sozialen Umwälzungen veränderte. Heute überrascht die irische Esskultur durch Vielfalt und Eigentümlichkeiten – wie etwa Rindfleisch in Guinness.

Brigitte und Elmar Engel
Indianisch kochen
232 S., Hardcover
ISBN 3-89533-280-1
17,40 €
Ausführliche und reich illustrierte Erläuterungen zur Geschichte indianischer Ernährung und Esskultur sowie über 160 Rezepte, die – wahlweise am heimischen Herd oder am offenen Lagerfeuer – auch in Europa zubereitet werden können.

Magrit Liepe
Polnisch kochen
166 S., Hardcover
ISBN 3-89533-414-6
16,90 €
Die polnische Küche umfasst Regionalgerichte, die gerade für deutsche Gaumen Neugierde wecken: Danziger Hering (mit Muskat gewürzt), Sächsische Königssuppe (mit Vanille und Weißwein), Reis auf masurische Art (mit Backpflaumen).

Márcia Zoladz
Portugiesisch kochen
168 S., Hardcover
ISBN 3-89533-212-7
15,30 €
Portugals Kochkultur gibt Einblicke in die Geschichte des Landes: Südfrüchte im Essen verweisen auf die Epoche der arab. Besatzung, Pfeffer und Muskat erinnern an das Zeitalter der Entdeckungen, Maisgerichte an die Kolonialzeit in Amerika.

Madhur Jaffrey
Indisch kochen
200 S., Hardcover
ISBN 3-89533-247-X
17,40 €
»Ohne Zweifel das beste Buch seiner Art«, lobte die »Financial Times« die englische Originalausgabe. Die aus Dehli stammende Autorin berichtet über alltägliche Snacks ebenso wie über raffinierte Gewürzmischungen und Saucen.

Birgit Kahle
Kubanisch kochen
168 S., Hardcover
ISBN 3-89533-311-5
17,40 €
In Kubas Küche treffen Sinneslust und Magenfreude aufeinander. Neben traditionell opulenten Rezepten und Rumcocktails werden neuere Gerichte vorgestellt, die aus dem gegenwärtigen Mangel auf der Karibik-Insel eine Kunstform machen.

Yalkut / Breddermann
Türkisch kochen
232 S., Hardcover
ISBN 3-89533-412-X
16,90 €
Über 200 Rezepte, die wahre Gaumenfreuden verheißen: Auberginen in Joghurt, Sardinen in Weinblättern, gefüllte Lammbrust, Pilav mit Datteln, Nudeln mit Schafskäse, Feigen mit Nüssen in Milch, Safran-Süßspeise und vieles mehr…

Cobbinah / Ehling
Westafrikanisch kochen
168 S., Hardcover
ISBN 3-89533-215-1
15,30 €
Das Buch lädt zu einer kulinarischen Entdeckungsreise ein. Beliebt im westafrikanischen Raum sind u.a. viele Hirse- und Fischgerichte oder die Verwendung der Yamswurzel, der unangefochtenen Königin der westafrikanischen Nutzpflanzen.

VERLAG DIE WERKSTATT ◆ www.werkstatt-verlag.de

Zum Genießen

Jacob Blume
Mit Lust die Welt verschlingen
Die sinnliche Küche Afrikas
208 S., Hardcover
17,40 €, ISBN 3-89533-310-7
Authentisch afrikanisch kochen und mit allen Sinnen genießen…
„Lassen Sie sich ent- und verführen."
(Salzburger Landeszeitung)

Malle / Schmickel
Schnaps brennen als Hobby
164 S., Hardcover
zahlreiche Abbildungen
16,90 €, ISBN 3-89533-411-1
Praxisorientierte Einführung in die Kunst des Schnapsbrennens – mit rund 100 schmackhaften Rezepten.

Jacob Blume
Bier. Was die Welt im Innersten zusammenhält
240 S., Hardcover,
farbige Abbildungen
17,40 €, ISBN 3-89533-278-X
„Eine Königin unter den Kulturgeschichtsbüchern."
(Gießener Anzeiger)

Klaus Kling
Bier selbst gebraut
202 S., Hardcover
zahlreiche farbige Abbildungen
12,80 €, ISBN 3-89533-370-0
Ein Buch, das Bierliebhaber „auf den Geschmack bringt".
Mit 100 Rezepten für deutsche und internationale Biere.